व्यंग्य पच्चीसी

व्यंग्य पच्चीसी

सुरेश पटवा

Sarvatra
An imprint of Manjul Publishing House

Sarvatra
An imprint of Manjul Publishing House

◆ द्वितीय तल, उषा प्रीत कॉम्प्लेक्स,
42 मालवीय नगर, भोपाल-462 003
◆ सी-16, सेक्टर 3, नोएडा, उत्तर प्रदेश, 201301
वेबसाइट : www.manjulindia.com

यह संस्करण 2026 में पहली बार प्रकाशित

व्यंग्य पच्चीसी

ISBN 978-93-7317-617-8

सुरेश पटवा इस पुस्तक के
लेखक होने की नैतिक ज़िम्मेदारी वहन करते हैं

मुद्रण व जिल्दसाज़ी : रेप्रो इंडिया लिमिटेड

अनुक्रम

1. मोबाइल व्यथा कथा 25
2. प्रखर साहित्यजीवी 29
3. भ्रष्टाचार का बुल्डोज़र 38
4. सभ्य जंगल की सैर 46
5. छिद्दी का बकरी लोन 53
6. व्यंगमय सब जग जानी 63
7. स्वर्ग-नरक पर्यटन 68
8. शास्त्रोक्त मृत्यु 75
9. राजभाषा पखवाड़ा 80
10. मंगल ग्रह पर पानी 86
11. शौचालय क्रांति 89
12. हिंदी सेवी विदेश यात्रा 95
13. मॉडर्न शादियाँ 99
14. रिटायर्ड लाइफ 105
15. टमाटर महिमा 108
16. फ़ेसबुकिया करनी-भरनी 114

17. नाड़ा शास्त्र 119
18. ॐ बजटाय नमः 127
19. लक्ष्मी सदा रहत न स्थिर 133
20. मिल गईं आज़ादियाँ 138
21. ज़िम्मेदारी 143
22. नसों वाला सिंदूर 144
23. साहित्य रस 146
24. राजा का परिधान 148
25. व्यंग्य पच्चीसी 150

वरिष्ठ कथाकार
श्री मुकेश वर्मा जी के आशीर्वचन

एक व्यंग्य लेखक के बारे में यह बात अच्छी भी हो सकती है और ग़ैरवाजिब भी, कि उसकी पहचान आसानी से हो जाती है। सच्चा व्यंग्य लेखक सात पर्दों में छिपकर नहीं लिख सकता। उसका लेखकीय मंतव्य गहन अंधेरे में भी प्रकट हो जाता है। वाक़ई, यह ऊँट की चोरी है, जो निहुरे-निहुरे नहीं की जा सकती। यदि ऐसा नहीं है, तो वह अन्य किसी विधा में पारंगत हो सकता है, लेकिन व्यंग्य लेखन में कदापि नहीं – क्योंकि तीर टेढ़े-तिरछे होकर ठीक निशाने पर लगते हैं, तभी व्यंग्य का प्रयोजन पूरा होता है।

इसे सिर्फ रियाज़ से सिद्ध नहीं किया जा सकता। इसके लिए एक अनोखी और अद्भुत प्रतिभा की दरकार होती है। मख़मूर देहलवी ने यह कहा भी है कि–

मोहब्बत के लिए कुछ ख़ास दिल मख़्सूस होते हैं,
ये वो नग़्मा है जो हर साज़ पर गाया नहीं जाता।

इस कसौटी पर सुरेश पटवा लगभग खरे उतरते हैं। उनके स्वभाव में जो खुलापन, दीदा-दिलेरी – अर्थात कुछ करने का साहस, खुलेआम निर्भीकता, दुस्साहस, धृष्टता – के साथ प्रतिरोध की स्वाभाविक प्रवृत्ति की झलक है, उसके चलते उनकी अभिव्यक्ति में एक बेचैनी, छटपटाहट और कश्मकश का भाव प्रबल और प्रखर होकर उस कहन को चुनता है, जिसे व्यंग्य लेखन के लिए माफ़िक और मुनासिब माना गया है।

उनकी व्यंग्य रचनाओं को पढ़ते हुए स्वाभाविक रूप से महसूस होता है कि लिखते समय अभिव्यक्ति का जो साहित्यिक आवेग लेखक पर हावी होता है, वह उसके विचारों, धारणाओं, मान्यताओं और अंतर्द्वंद्वों को साफ़ तौर पर स्पष्ट कर देता है।

जिसकी छाया में किसी घटना, प्रति-घटना, स्थिति या प्रसंग में व्याप्त विडंबनाओं, विसंगतियों, विद्रूपों और विरोधाभासों को रेखांकित करने के साथ-साथ उसमें अंतर्निहित पाखंड पर जबरदस्त ज़र्ब करने के हौंसले के साथ वह उन्मुख होता है – और इस प्रकटीकरण के लिए जिस भाषा, भाषा-लेख, या अंदाज़-ए-बयां का इस्तेमाल करता है, उसमें व्यंग्यात्मकता सहज रूप से आ ही जाती है।

इसीलिए मैं सुरेश भाई की रचनाओं को '**सहज व्यंग्य**' कहता हूँ, क्योंकि उनमें दिमाग़ की ग़ैरज़रूरी मशक्कत नहीं है, बल्कि एक धड़कते दिल का वह बयान किश्त दर किश्त है, जो समाज में पाए जाने वाले किसी भी क़िस्म के अन्याय, अनाचार, असंवेदन और अशोभनीयता के विरुद्ध समय की खाताबही में बहुत शिद्दत के साथ दर्ज़ किया जा रहा है।

साथ ही, यह बात भी ग़ौरतलब है कि इन रचनाओं में तेज़ प्रहार करने की मारक ताक़त के साथ 'विट' का पुट भी है। वह निहायत दिलचस्प और गुदगुदाने वाला तो है ही, कुछ संजीदगी से विचार करने की उत्तेजना भी देता है – जो साहित्य का अभीष्ट अंग भी है।

श्री सुरेश पटवा को उनके इस सामर्थ्य के लिए शुभकामनाएँ देता हूँ और इसी रोशनख्याली के जज़्बे को हर सूरत में जगाए रखने की उम्मीद भी रखता हूँ।

–मुकेश वर्मा
वरिष्ठ कथाकार
संपादक, वनमाली कथा, भोपाल

प्रस्तावना

यह व्यंग्यकार का कौशल ही होता है कि जब वह किसी घटना का अपनी शैली में लोक व्यापीकरण कर उसे अभिव्यक्त करता है तो वह व्यंग्य साहित्य बन जाता है। सुरेश पटवा इसी तरह के समृद्ध व्यंग्य साहित्यकार हैं। लेखक सुरेश पटवा बहुविध रचनाकार हैं। उनका जन्म 1952 में हुआ था। वे अनुभव में परिपक्व हैं। साहित्य जगत में उनकी स्वीकार्यता है; उन्हें समय-समय पर विभिन्न संस्थाओं ने सम्मानित किया है। उनकी भाषाई समझ, अभिव्यक्ति-कौशल और पाठकीय संप्रेषणीयता किसी प्रमाण की मोहताज नहीं है, क्योंकि उनकी पूर्व प्रकाशित पुस्तकों की रॉयल्टी के चेक मैंने खुद देखे हैं।

उनके लेखन की विविधता उनकी विशेषता है। लेखन में किसी विषय को स्पर्श मात्र कर बढ़ जाना पटवा जी को पसंद नहीं है। मैंने पाया है कि वे लेखन को एक चुनौती के रूप में स्वीकारते हैं, स्वयं को ललकारते हैं। परिणामस्वरूप वे गंभीरता पूर्वक संदर्भ जुटाते हैं, विषय का गहराई से अध्ययन करते हैं, पूर्व में विषय पर रची गई पुस्तकों को पढ़ते हैं – और तब अपने शब्दों में विस्तार से नवलेखन करते हैं।

पटवा जी ने बाल साहित्य, प्रकृति-वर्णन, पर्यटन, इतिहास, फिल्म जगत, स्त्री-पुरुष मनोविज्ञान आदि पर ललित लेखन किया है। वे प्रयोगवादी लेखक हैं। अभिव्यक्ति के लिए उन्होंने कविता, गीत, ग़ज़ल, निबंध, कहानी, लघुकथा और व्यंग्य को भी माध्यम बनाया है।

पटवा जी की पुस्तक-लेखन प्रक्रिया अद्भुत होती है। जहाँ प्रायः लेखक किताब के विमोचन तक अपने लेखन को यथासंभव सार्वजनिक करने से

बचते दिखते हैं, वहीं पटवा जी जिस किताब पर काम करते हैं, उसके प्रतिदिन के लेखन को हर सुबह साहित्य समूहों में प्रेषित करने से नहीं हिचकते। इस तरह वे बौद्धिक पाठकों और प्रबुद्ध लेखकों के साथ एक संवाद स्थापित कर लेते हैं। यदि लेखन में कोई परिष्कार वांछित होता है, तो वह सुधार भी रचना में साथ ही साथ होता रहता है। मैं उनकी इस लेखन प्रक्रिया का साक्षी बना हुआ हूँ। **'वेदों से वेदांत तक', 'मिर्ज़ा ग़ालिब' आदि पुस्तकें** उनकी इसी तरीके से आई पुस्तकें हैं।

उनकी कृति 'हिन्दू प्रतिरोध गाथा' मध्ययुग के इतिहास का सिंहावलोकन है। उन्होंने 'हिन्दी सिनेमा का स्वर्णयुग', 'सुरमयी लता' जैसी पुस्तकें लिखी हैं। 'जंगल की सैर' उनकी बाल-साहित्य की कृति है। सतपुड़ा के मुन्ना बाघ की दास्तान समेटे, बच्चों में प्रकृति के प्रति कौतूहल जगाती उनकी लेखनी की झलक इस पुस्तक में मिलती है।

एक अन्य कृति 'सुरम्य सतपुड़ा' में उन्होंने जंगल, पहाड़ और नदियों के प्राकृतिक सौंदर्य का घुमंतू अनुसंधान किया है। सतपुड़ा का अलौकिक सौंदर्य बरसात में दर्शनीय होता है। नयनाभिराम हज़ारों झरने-प्रपात, उनके आसपास बिखरी हरियाली और वन्य जीव – वैश्विक पर्यटन के जनक हैं। इस सारी विविधता को उन्होंने शब्दों में उतार कर पाठकों के लिए अपनी किताबों में बाँधा है।

'सगरमाथा से समुंदर तक' उनका यात्रा-पर्यटन दृष्टांत है। पटवा जी जैसे यात्री ज्ञान-साधक होते हैं, जो केवल रास्ता ही नहीं नापते, बल्कि वैचारिक गोते लगाकर शब्द-साधना करते चलते हैं। सुरेश पटवा ने हर यात्रा के गंतव्य के इतिहास, भूगोल, कला, संस्कृति और समाज को समझकर उसका विशद वर्णन किया है – जो उनके यात्रा-वृत्तांत की विशेषता है।

यह कृति सुरेश पटवा का प्रथम व्यंग्य-केंद्रित संग्रह है, जिसमें विविध विषयों पर समय-समय पर लिखे गए व्यंग्य लेख संकलित हैं। समकालीन, प्रचलित व्यंग्य लेखकों से भिन्न – इस संग्रह में संकलित आलेख किसी अखबारी कॉलम की शब्द-सीमा से परे हैं। पटवा जी ने समकालीन घटनाओं का चयन

व्यंग्य लेखन के लिए किया है। 'मोबाइल व्यथा-कथा' और 'फेसबुकिया करनी-भरनी' आज के विषय-सामयिक लेख हैं।

कोई नया संदेश आए तो बिना पढ़े ही दूसरे ग्रुप में भेजकर 'सक्रिय मेंबर' होने की ट्रॉफी पर हक़ जमाने की प्रतिस्पर्धा में शामिल रहना – हमारी युगीन विसंगति बन गई है, जिस पर परिहासात्मक कटाक्ष करते हुए पटवा जी ने स्वयं को व्यंग्य के किसी पारंगत खिलाड़ी के दर्जे पर ला खड़ा किया है। 'प्रखर साहित्यजीवी', 'हिंदी साहित्य सीजन', तथा 'व्यंग्य लेखन की परेशानी' जैसी रचनाएँ, हर रचनाकार के साहित्यिक परिवेश की वर्तमान स्थिति को उजागर करती हैं। व्यक्तिगत अनुभवों का कुशल सार्वजनिककरण इन लेखों में संवाद शैली में मिलता है। वे लिखते हैं...

"साहित्यजीवी भैया, असल में इनाम-विनाम वाली किताब और बिकवै वाली किताब अलग-अलग होत हैं। इनाम वाली किताब सरस्वती साधना है, और बिकने वाली किताब लक्ष्मी आराधना।" वे लोकभाषा में बिंदास लेखन करते हैं– *"हम तो उनमें से हैं कै टारे न टरें, और बारें नै बरें, सावन की गीली लकड़ियाँ हैं।"*

बहुविध लेखन पर उनका कटाक्ष देखिए :

"शहर के कवि तुम्हें कवि नहीं मानते, ग़ज़लकार तुम्हें ग़ज़लकार नहीं मानते, कहानीकार तुम्हें कहानीकार नहीं मानते, लघुकथावाले तुम्हें लघुकथाकार नहीं समझते, व्यंग्यकार तुम्हें व्यंग्य लेखक नहीं मानते – आखिर तुम हो का? मैथी में पका, नीम चढ़ा करेला!" 'तेल और तेल की धार' जैसे विविध विषयों पर आधारित व्यंग्य-लेखों में पूरी भाषाई उन्मुक्तता से व्यंग्य किया गया है।

पटवा जी ने संस्मरणात्मक यात्रा-वृत्तांत लेखन में अपनी पहचान बनाई है। सभ्य जंगल की सैर, विदेश यात्रा की कसक, स्वर्ग-नरक यात्रा-वृत्तांत जैसी व्यंग्य रचनाओं में भी उनकी लेखनी की यह वर्णनात्मक छवि देखने को मिलती है। अपने सेवाकाल में वे बैंक अधिकारी थे। व्यंग्य 'छिद्दी का बकरी लोन' का विषय-निर्वहन अनुभवजन्य है। 'भ्रष्टाचार का बुलडोज़र', 'नाड़ा महिमा', 'टमाटर महिमा' जैसे व्यंग्य-लेख मजे लेकर रचे गए हैं। 'ॐ

बजटाय नमः', 'अथ श्री कल्कि पुराण कथा', 'अथ श्री मोबाइल कथा' आदि शीर्षक इंगित करते हैं कि पटवा जी ने पुराने व्यंग्य लेखकों को पढ़ा है और उनसे प्रभावित भी हैं। परसाई जी का 'अथ श्री महंगाई व्रत कथा' सुप्रसिद्ध व्यंग्य है। खेद है कि यह महंगाई शाश्वत बन गई है।

सामयिक घटनाओं पर हिन्दी व्यंग्य पिछली सदी के अंतिम दशकों से लिखे जाते रहे हैं। अब ये अधिकांश पत्र-पत्रिकाओं के लोकप्रिय स्तंभ बन चुके हैं। तानाशाही व कम्युनिस्ट देशों में, जहाँ खबरों पर प्रशासन का पहरा होता है, वहाँ खबरों की वास्तविकता का अंदाज़ लगाने के लिए भी लोग व्यंग्यकारों को पढ़ते हैं। हिन्दी परिवेश में पाठक, संपादकीय पन्नों पर रुचिपूर्वक पिछले दिनों हुई घटनाओं को व्यंग्यकारों के नज़रिए से पढ़कर मुस्कराता है, अपनी बौद्धिक क्षमता के अनुरूप रचनाकार का इशारा समझता है और कुछ मनन भी करता है। इन लेखों के माध्यम से पाठक को बौद्धिक सामग्री मिलती है। ये व्यंग्य-लेख पाठक के मानस-पटल पर त्वरित रूप से गहरा प्रभाव छोड़ते हैं।

परंतु ढीठ समाज व्यंग्य के मूल उद्देश्य का परिहास करता है, सुधरता नहीं दिखता। तारीख़ों के बदलते ही अख़बार या पत्रिका रद्दी में तब्दील हो जाते हैं, पर व्यंग्य लेखों का साहित्यिक महत्व बना रहता है। मैंने अनुभव किया है कि किंचित बदलाव के साथ घटनाओं की पुनरावृत्ति होती है, और पुराने पढ़े हुए व्यंग्य पुनः सामयिक लगने लगते हैं। यह व्यंग्यकार का कौशल ही होता है कि जब वह किसी घटना का अपनी शैली में लोक-व्यापीकरण कर उसे अभिव्यक्त करता है, तो वह व्यंग्य साहित्य बन जाता है। बदलती पीढ़ियों के पाठक जब-जब व्यंग्य-संग्रहों के कथ्य पढ़ेंगे, समझेंगे – तो अपने परिवेश तथा अनुभवों के साथ, बदलते समय के नए बिंब बनाएँगे। स्मित मुस्कान, किंचित करुणा, विवशता, युग की व्यथा – पाठक को बार-बार गुदगुदाएगी, हँसाएगी, रुलाएगी और सोचने पर मजबूर करेगी।

वे स्वयं को मूलतः कथा-साहित्य का रचनाकार मानते हैं, पर विभिन्न विधाओं में भी पूरी दक्षता से लिख रहे हैं। उनके काव्य-संग्रह, लघुकथा-संकलन, निबंध-संग्रह, ग़ज़ल-संग्रह की शब्द-धारा में ही यह 'व्यंग्य पच्चीसी'

एक सार्थक प्रस्तुति होगी। इसमें हमारे समय के सामाजिक, राजनीतिक और सांस्कृतिक परिदृश्य पर पैनी नज़र डालती उनकी 25 रचनाएँ समकालीन जीवन की विसंगतियों, विरोधाभासों और विडंबनाओं को इस प्रकार उकेरती हैं कि पाठक मुस्कुराते हुए अपने ही अनुभवों का पुनर्मूल्यांकन करने लगता है।

पटवा जी के व्यंग्य की भाषा में सहजता है, शैली में चुटीलापन है, और दृष्टि में जन-सरोकारों की स्पष्टता दृष्टिगोचर होती है। कहीं राजनीतिक छल-प्रपंच पर कटाक्ष है, तो कहीं सामाजिक ढकोसलों पर करारी चोट। कहीं दफ्तरों की नौकरशाही मानसिकता को, तो कहीं आम आदमी की उलझनों को हास्य के रंग में ढाला गया है। यह संग्रह महज़ शब्दों का विनोद नहीं है, बल्कि एक सजग लेखक की दृष्टि से समाज का आईना है। व्यंग्य लेखन में लेखकीय संतुलन अत्यंत आवश्यक होता है। हास्य की सीमा लाँघे बिना गूढ़ बात कह जाना सबको नहीं आता। आज जब समाज में धैर्य कम हो रहा है, संवाद की जगह आरोप-प्रत्यारोप ने ले ली है – तब ऐसे व्यंग्य-संग्रह का महत्व और भी बढ़ जाता है।

यह पुस्तक पाठक को मनोरंजन के साथ-साथ विवेक का दीपक भी थमाती है।

मुझे विश्वास है कि 'व्यंग्य पच्चीसी' न केवल व्यंग्य-प्रेमियों को रुचेगी, बल्कि नए लेखकों के लिए एक मार्गदर्शक की भूमिका भी निभाएगी। मैंने 'व्यंग्य पच्चीसी' का सूक्ष्म अवलोकन किया है। तीखी, लेकिन व्यंग्य के मूल स्वभाव के अनुरूप शब्दावली है। लेखों में राजनीति, नौकरशाही, शिक्षा व्यवस्था, अख़बार, सोशल मीडिया, झूठ, पाखंड आदि पर कटाक्ष है। भाषा चुटीली है, किन्तु मर्यादित है। व्यक्तिगत आक्षेप या किसी धर्म, जाति, लिंग या समुदाय विशेष के विरुद्ध कोई भी अपमानजनक वक्तव्य नहीं है।

यह शिष्ट अभिव्यक्ति, व्यंग्य की उनकी पहली ही पुस्तक में होना, लेखकीय दृष्टि से उन्हें परिपक्व व्यंग्यकारों की श्रेणी में खड़ा करता है।

सारी किताब में कहीं कोई आपत्तिजनक या विधिक रूप से विवादास्पद लेखन, धार्मिक या जातिगत टिप्पणियाँ नहीं हैं। अभिव्यक्ति में लैंगिक संवेदनशीलता का ध्यान रखा गया है। व्यक्तिगत टिप्पणी किए बिना ही

अपनी बात संप्रेषित कर सकना व्यंग्यकार की वांछित योग्यता होती है, जो प्रत्येक रचना में परिलक्षित होती है।

'व्यंग्य पच्चीसी', व्यंग्य-साहित्य की शिष्ट सीमा में रहते हुए लिखी गई एक संतुलित और प्रभावशाली पुस्तक है। लेखन का उद्देश्य सामाजिक परिवर्तन के लिए जन-मानसिकता को हल्के-फुल्के अंदाज़ में प्रेरित करना होता है – इस मानक पर यह कृति पूर्णतः सफल है।

अस्तु, पटवा जी की इस पाण्डुलिपि से आद्योपांत गुज़रने के उपरांत मुझे भरोसा है कि संग्रह के प्रकाशन के बाद समकालीन व्यंग्य परिदृश्य में पटवा जी संभावनाओं से भरपूर, क्षमतावान व्यंग्यकार के रूप में स्वीकार किए जाएँगे। मेरी शुभाकांक्षाएँ उनकी लेखनी के साथ हैं।

–विवेक रंजन श्रीवास्तव
वरिष्ठ व्यंग्यकार

साहित्यकार शरद पटेरिया जी की कलम से

विख्यात विद्वान साहित्यकार, लेखक श्री विवेक रंजन श्रीवास्तव जी ने सुप्रसिद्ध लेखनी के धनी, आदरणीय सुरेश पटवा जी द्वारा जारी साहित्य सेवा और उनके विभिन्न विषयों पर गहन अध्ययन, ज्ञान के आलेख, रचनाएं, गीत, ग़ज़लें, व्यंग्य, सिनेमा, लघुकथा, पर्यटन, कहानियों और विभिन्न पुस्तकों में अनवरत रूप से प्रस्तुत नवीनतम सामग्री से लेखन संबंधी पूरा ब्रह्मांड खंगाला और रुचिपूर्वक, लगन के साथ गहन अध्ययन कर पटवा जी के लेखन की विस्तृत समीक्षा की है–जो अद्भुत, अतुलनीय और वंदनीय है। बधाई!

निसंदेह, श्री पटवा जी बहुमुखी प्रतिभा में निपुण, बेबाक लेखक और साहित्य जगत के प्रतिष्ठित, उद्भट्ट गुणी विद्वान एवं वरिष्ठ साहित्यकार हैं। कला, प्रकृति, समाज और सामाजिक जीवन, तथा अध्यात्म, धर्म और मान्यताएं, अतीत, इतिहास पर उनका गहरा अध्ययन और खोज है। साथ ही मानवीय आम ज़िंदगी से जुड़ी हुई दशाओं, रहन-सहन, हालात आदि पर निर्बाध रूप से पटवा जी की कलम चलती ही रहती है। पटवा जी में ये विशेष गुण उनके अहर्निश साहित्य चिंतन और परम शक्ति–ईश्वरीय देन–से ही समाए हैं।

श्री सुरेश चंद्र पटवा जी, साहित्य बिरादरी में प्रतिष्ठित, प्रकांड विद्वान हैं। अपनी युवा अवस्था में वे बेजोड़ तैराक, खिलाड़ी और पहलवान रहे हैं। वर्तमान में वे हम सब साहित्य प्रेमियों के बीच समग्र, संपूर्ण, उद्भट्ट गुणी विद्वान एवं वरिष्ठ साहित्यकार के रूप में प्रतिष्ठित हैं। उनके सकल, सराहनीय, जनप्रिय लेखन को सलाम। हार्दिक शुभकामनाएं।

–शरद पटेरिया
भोपाल

आमुख

निष्णात साहित्यकार मानते हैं कि व्यंग्य का जन्म, अपने समय की विद्रूपताओं से उपजे असंतोष से होता है। दरअसल, व्यंग्य के द्वारा व्यंग्यकार जीवन की विसंगतियों, खोखलेपन और पाखंड को दुनिया के सामने उजागर करता है – जिनसे हम सब परिचित तो होते हैं, किंतु उन स्थितियों को बदलने की कोशिश नहीं करते, बल्कि बहुधा उन्हीं विद्रूपताओं-विसंगतियों के साथ जीने की, उनसे समझौता करने की आदत बना लेते हैं।

जैसा कि 'व्यंग्य' नाम से ही स्पष्ट है – इस विधा में सामाजिक विसंगतियों का चित्रण सीधे-सीधे अभिधा में न होकर व्यंजना के माध्यम से होता है। इसीलिए व्यंग्य में मारक क्षमता अधिक होती है। व्यंग्यकार अपनी रचनाओं में ऐसे पात्रों और स्थितियों का समायोजन करता है, जो इन अवांछित स्थितियों के प्रति पाठकों को सचेत करते हैं।

व्यंग्य प्रत्यक्ष निंदा, भर्त्सना या गाली-गलौज के स्तर से इतर, उदात्त संवेदनाओं से भरा होता है। व्यंग्य, अर्थगत भंगिमाओं की व्यंजक अभिव्यक्ति है – जो अपने चुटीले, रोचक और हास्य-विनोद से सामाजिक, राजनीतिक, धार्मिक विकृतियों पर प्रहार करके जीवन को सही दिशा प्रदान करती है।

व्यंग्य को जन्म देने वाली मानसिकता को समझें तो लगता है कि समाज और जीवन की विसंगतियों के आत्मबोध से ही व्यंग्य का जन्म होता है। किसी भी प्रकार की विसंगति या विकृति कष्टकारक होती है। अतः व्यंग्यकार, इसी से उबरने-उबारने के लिए लेखनी का सहारा लेकर व्यंग्य करता है। वह

साहसी और निर्भीक होता है, क्योंकि कायर और डरपोक कभी व्यंग्य-रचना कर ही नहीं सकते। हरिशंकर परसाई ने स्वयं के लिए लिखा भी है :

"मैंने तय किया– परसाई, डरो किसी से मत। डरे कि मरे। सीने को ऊपर कड़ा कर लो, भीतर तुम जो भी हो। ज़िम्मेदारी को गैरज़िम्मेदारी के साथ निभाओ।"

व्यंग्य व्यक्ति और समाज का मार्गदर्शक है, और व्यंग्यकार शाश्वत मूल्यों का रक्षक। समाज में फैले भ्रष्टाचार, ढोंग, अवसरवादिता, अंधविश्वास, साम्प्रदायिकता आदि कुप्रवृत्तियों का वह पर्दाफाश करता है।

हिंदी साहित्य में व्यंग्य की शुरुआत कबीर की रचनाओं से होती है, लेकिन उसका स्वरूप पद्य था; गद्य के रूप में व्यंग्य की शुरुआत भारतेंदु युग में हुई। उस जमाने में ज़्यादातर व्यंग्य प्रहसन शैली में ही लिखे गए। उस युग के प्रमुख व्यंग्यकारों में भारतेंदु हरिश्चंद्र के अलावा प्रतापनारायण मिश्र, बालकृष्ण भट्ट, राधाचरण गोस्वामी गणनीय थे। 'अंधेर नगरी चौपट राजा' उस समय की एक कालजयी व्यंग्य-नाटिका है।

मुंशी प्रेमचंद के उपन्यासों में भी सामाजिक कुरीतियों पर व्यंग्य किया गया है। अमृतलाल नागर, यशपाल और भगवतीचरण वर्मा की रचनाओं में उच्चकोटि का व्यंग्य मिलता है। द्विवेदी युग में भी व्यंग्यकार हुए, जिनमें महावीर प्रसाद द्विवेदी और बालमुकुंद गुप्त आदि ने व्यंग्य विधा पर सृजन किया है।

हास्य और व्यंग्य दोनों भिन्न विधाएँ हैं – हास्य बहिर्मुखी है, तो व्यंग्य अंतर्मुखी। लेकिन भारतेंदु हरिश्चंद्र और आचार्य रामचंद्र शुक्ल की रचनाओं में हास्य और व्यंग्य दोनों का समन्वय उत्कर्ष पर है। दोनों में हास्य और व्यंग्य के संयुक्त बिंब के दर्शन होते हैं।

व्यंग्य के लिए भावना, कल्पना और चिंतन की अतिशयता के साथ-साथ जटिल मानसिक अवस्था भी आवश्यक होती है। यही कारण है कि निराला व्यंग्य कर सके। निराला द्वारा लिखित 'कुकुरमुत्ता', 'बिल्लेसुर बकरिहा', 'नये पत्ते' उस युग की श्रेष्ठ व्यंग्य रचनाएँ हैं।

कुछ लोगों का मानना है कि व्यंग्य कोई स्वतंत्र विधा नहीं है, वह तो एक

सहज प्रवृत्ति है, जो अभिव्यक्ति की विविध विधाओं में – मसलन उपन्यास, नाटक, लेख, कविता, निबंध आदि – के रूप में लिखा जाता रहा है। लेकिन कुछ विद्वान इसे एक विशिष्ट विधा के रूप में स्वीकृति देते हैं।

यह भी देखा गया है कि अस्सी प्रतिशत व्यंग्य निबंधात्मक हैं, और निबंध विधा में ही व्यंग्यकारों को पहचान मिली है। व्यंग्य लेखन जितना निबंधों में सफल रहा है, उतना अन्य विधाओं में नहीं। निबंध में व्यंग्यकारों को आत्म-अभिव्यक्ति की जितनी आज़ादी मिलती है, उतनी अन्य विधाओं में नहीं। व्यंग्यकार स्वतंत्रतापूर्वक अनेक संदर्भों का समायोजन कर आलोच्य विषय पर सम्यक प्रहार करता है। निबंध, सृजनधर्मिता की ललित अभिव्यक्ति है। इस दृष्टि से देखें तो व्यंग्य साहित्य का संपूर्ण विकास आधुनिक युग में ही हुआ है, जिसमें सर्वप्रथम हरिशंकर परसाई, श्रीलाल शुक्ल, शरद जोशी, रवींद्र त्यागी, लतीफ घोंघी, बरसानेलाल चतुर्वेदी, डॉ. सुरदर्शन मजीठिया प्रभृति व्यंग्यकार प्रमुख हैं।

दूसरी पीढ़ी में स्व. लक्ष्मीकांत वैष्णव, कृष्ण चराटे, रमेश बक्षी, गोपाल चतुर्वेदी, डॉ. सूर्यबाला, डॉ. रमाशंकर श्रीवास्तव, पूर्णसिंह डबास, डॉ. सरोजिनी प्रीतम, डॉ. प्रेम जनमेजय, डॉ. मधुसूदन पाटिल, डॉ. रामनारायण सिंह, बलवीर त्यागी, भवानीशंकर व्यास, हरिकृष्ण दासगुप्त, घनश्याम अग्रवाल एवं सतीश कुमार शेखड़ी प्रमुख हैं।

नई पीढ़ी के व्यंग्यकारों में सूर्यकांत नागर, डॉ. महेंद्रकुमार ठाकुर, ज्ञान चतुर्वेदी, गिरीश पंकज, विनोद साव, विनोदशंकर शुक्ल, डॉ. संतोष दीक्षित, महावीर अग्रवाल, शेरजंग जांगली दीपक प्रभृति का व्यंग्य के क्षेत्र में उल्लेखनीय योगदान रहा है। 21वीं सदी में डॉ. बालेन्दु शेखर तिवारी का नाम भी प्रमुख व्यंग्यकारों में समादृत है। व्यंग्य नाटक लिखने वालों में डॉ. श्रवणकुमार गोस्वामी और श्याम मोहन अस्थाना प्रमुख हैं।

शरद जोशी एवं श्रीलाल शुक्ल की रचनाओं में जहाँ गंभीरता है, तो वहीं दूसरी ओर हरिशंकर परसाई के व्यंग्य में व्यापकता और आक्रामकता की तेज धार है। लतीफ घोंघी की व्यंग्य रचनाएँ कहीं गुदगुदाती हैं, तो कहीं नश्तर चुभोती हैं।

व्यंग्य को सुरुचिपूर्ण बनाने के लिए हास्य और व्यंग्य का उत्तम समायोजन आवश्यक है, जिससे श्रेष्ठ और लोकप्रिय व्यंग्य का सृजन हो सके एवं मध्यमार्ग ग्राह्य हो। व्यंग्य को अधिक उग्र, आक्रामक और हिंसक नहीं होना चाहिए। व्यंग्यकार को व्यंग्य में सरसता, सोद्देश्यता, सजीवता और रुचिता की दृष्टि से भावबोध पैदा करना चाहिए – जो कि हरिशंकर परसाई के अधिकांश लघुकाय, आत्मपरक, विश्लेषणात्मक व्यंग्य निबंधों में देखने को मिलता है। परसाई जी ने जनसाधारण से लेकर बड़े-बड़े राजनेताओं, बुद्धिजीवियों, भगवान, महात्माओं, पंडों, पुजारियों, मठाधीशों, साहूकारों, पूंजीपतियों, प्रशासकों, अध्यापकों, डॉक्टरों, वकीलों, थानेदारों, प्रेमी-प्रेमिकाओं, युद्धशास्त्रियों और अवसरवादियों – विविध चरित्रों को व्यंग्य के माध्यम से पाठकों के समक्ष अनावृत किया। हरिशंकर परसाई के व्यंग्य उद्देश्य-प्रधान होते हैं। उनकी रचनाएँ पाठकों को सोचने-विचारने को बाध्य करती हैं। परसाई जी के व्यंग्य, समाज में फैले भ्रष्टाचार, ढोंग, अवसरवादिता, अंधविश्वास, साम्प्रदायिकता आदि कुप्रवृत्तियों पर कुठाराघात करते हैं। उनकी रचनाएँ हमें अपने समय के यथार्थ से रूबरू कराती हैं। उनके व्यंग्य पाठकों को आदर्श जीवन-दृष्टि से समृद्ध करते हैं।

उन्होंने देश के आम लोगों की आकांक्षाओं, असफलताओं एवं जीवन संघर्षों को बहुत क़रीब से देखा और जिया था। विद्रूप स्थितियों से उनकी नाराज़गी तब अधिक उग्र और आक्रामक हो जाती है, जब आदमी, आदमी न होकर चालाकी और धूर्तता का पर्याय बन जाए। सामाजिक विद्रूपताओं और उनके भीतरी कारणों को हरिशंकर परसाई जी ने अपनी व्यंग्य रचनाओं के माध्यम से पाठकों को समझाने की कोशिश की है। परसाई जी का व्यंग्य समाज से उपजी विसंगतियों की गहरी पड़ताल करता है। उन्होंने ही व्यंग्य को एक स्वतंत्र विधा के रूप में स्थापित करने में अपनी कालजयी भूमिका निभाई। उनके व्यंग्य निबंधों में चिंतन की गहनता देखी जा सकती है।

उन्हें पढ़ते हुए महसूस होता है जैसे वे सामने ही खड़े हों – सभी प्रश्नों के उत्तरों से लैस। उनकी भाषा-शैली में एक खास किस्म का अपनापन है। ऐसे व्यंग्यकार विरले ही मिलते हैं। उनकी भाषा-शैली व्यंग्य के लिए सर्वथा

अनुकूल थी। सरल शब्दों में लिखना उन्हें पसंद था। उनकी रचनाओं में मुहावरों, कहावतों के साथ-साथ बोलचाल, तत्सम और अंग्रेज़ी शब्दों को भी स्थान दिया गया है। उनके व्यंग्य में लक्षणा और व्यंजना का कुशल प्रयोग देखते ही बनता है। उनके वाक्य लघुकाय हुआ करते हैं। संस्कृत और उर्दू शब्दों का भी उन्होंने प्रचुरता के साथ प्रयोग किया है।

हरिशंकर परसाई की व्यंग्य रचनाओं में सामाजिक, साहित्यिक, सांस्कृतिक, राजनीतिक और धार्मिक क्षेत्रों में फैली विकृतियों और कारगुजारियों पर बहुत ही सरलता और सहजता के साथ छिद्रान्वेषण किया गया है और उन पर तीखा कटाक्ष भी किया गया है। धर्म, जातीयता और रूढ़ परंपराओं से उन्हें चिढ़ थी। देश में व्याप्त भुखमरी, अपराध, शोषण, अनाचार, अकाल, बाढ़, युवा आक्रोश, जन-आंदोलन, साम्प्रदायिक दंगों, धार्मिक उन्माद जैसी घटनाओं; कलाकारों, बुद्धिजीवियों के दोहरे चरित्रों; तथा संघी-पंथी सोच की सांस्कृतिक और सामाजिक दृष्टि से वे केवल व्याख्या या विवेचना ही नहीं करते, बल्कि धर्म, समाज और राजनीति में विद्यमान विसंगतियों को जन्म देने वाले कारकों की तह तक जाते हैं और उन तमाम विसंगतियों से मुक्ति के मार्ग भी तलाशते हैं।

दैनिक 'अमर उजाला' में प्रकाशित व्यंग्य 'सुनो भाई साधो' में विसंगतिपूर्ण भूमिका पर टिप्पणी के कारण दो युवाओं ने 21 जून 1973 को उनके निवास स्थान के नज़दीक उन पर आक्रमण कर दिया था। इस आक्रमण के बाद परसाई जी का 24-25 जून को स्थानीय समाचार पत्रों में 'मेरा लिखना सार्थक हो गया' वक्तव्य प्रकाशित हुआ था। इन घटनाओं से यह स्पष्ट होता है कि एक व्यंग्यकार के रूप में उनका लेखन कितना सार्थक और प्रभावशाली हुआ करता था। वे साहसी भी कम न थे। लिखते समय उन्हें परिणामों की चिंता नहीं रहती थी। सन् 1975 में राष्ट्रीय आपातकाल के दौरान उन्होंने सत्तापक्ष के विरुद्ध भी लिखा।

उनकी निर्भीकता और व्यंग्य की धार से प्रभावित होकर विश्वनाथ उपाध्याय ने लिखा था :

"मुझे हरिशंकर परसाई की लंबी पतली काया बंदूक की नली सी लगती है, जिसमें से व्यंग्य भन्नाता हुआ निकलता है और जनशत्रु को छार-छार कर देता है।"

इसमें सम्मिलित व्यंग्य रचनाओं का गंभीरतापूर्वक अध्ययन और विश्लेषण करने का अत्यंत श्रमसाध्य कार्य देश के वरिष्ठ व्यंग्यकार, सुधि पाठक और लेखक श्री विवेक रंजन श्रीवास्तव जी ने लगनपूर्वक किया है। उनका हृदय से आभार व्यक्त करना मेरा कर्तव्य है। मैं खुशनसीब हूँ कि इन जैसे निष्णात व्यंग्यकार का सहयोग मुझे मिल पाया। इस कृति पर वरिष्ठ साहित्यकार शरद पटेरिया जी ने भी सद्भावना-संदेश दिया है। हम उनके प्रति भी कृतज्ञता ज्ञापित करते हैं।

आपका स्नेहाकांक्षी

–सुरेश पटवा

व्यंग्य पच्चीसी

1

मोबाइल व्यथा कथा

आज सुबह मैंने जैसे ही मोबाइल स्क्रीन पर लिखना शुरू किया – *'मोबाइल जी का जंजाल बन गया है।'* मोबाइल से एक आवाज़ आई – *"अहसान फ़रामोश, नमकहराम, नाशुक्रा, गद्दार! जिस थाली में खाता है, उसी में छेद करता है।"*

हमने मोबाइल से कहा – *"ज़रा रुको तो, अभी आगे तो देखो। तुम तो बुज़ुर्गों की तरह अधीर हो रहे हो, पूरी बात सुनते ही नहीं और आधुनिक भद्र विशेषणों पर उतर आए हो। हम तो सठिया गए हैं, तुम तो अभी-अभी पैदा हुए हो।"*

मोबाइल भी आज सुनने के मूड में नहीं था। पुरानी कोई कसक रही होगी। बोला – *"इस होली पर मैं भी छह साल का हो जाऊंगा। मेरी बैटरी जवाब दे रही है। दिन भर बिजली का करंट लगता रहता है। इतने सारे ग्रुप बना लिए कि मेमोरी हमेशा लबालब भरी रहती है।"*

मोबाइल अनवरत बोले जा रहा था – *"मेरी हालत सावन-भादों में उफनती नदियों जैसी हो रही है। मेरी स्क्रीन पर इतनी खरोंचें हैं, जितनी तुम्हारी नानी के चेहरे पर झुर्रियाँ नहीं होंगी। हर सेकंड में कोई नया संदेश आ जाता है, और आप भी हर संदेश पर प्रतिक्रिया करने में टॉप टेन में रहते हो। दिन भर आँखें गड़ाए इंतज़ार करते रहते हो। कोई नया संदेश आया नहीं कि*

दूसरे ग्रुप में भेजकर सक्रिय मेम्बर की ट्रॉफी पर हक़ बनाने की प्रतिस्पर्धा में शामिल रहते हो।

अब तो सुबह उठने के लिए मुझे ही मुर्गा बना रखा है। सुबह-शाम भ्रमण में भी मुझसे अपने क़दम गिनवा लेते हो। हद तो तब होती है जब मुझसे काली, कुबड़ी, मोटी महिलाओं की सुंदर फ़ोटो खिंचवाते हो। उन्हें भ्रम हो जाता है कि वे सच में सुंदर हैं। फोटुओं से गैलरी की ऐसी-तैसी हो रखी है। बेसुरों को झूमते-रेंकते देखकर कान फट जाते हैं। कभी सीने पर रखकर सो जाते हो, कभी कमर के नीचे दबाकर जान निकाल देते हो। तब बदबू की गरम सेंक तो मेरी साँस ही रोकने लगती है।"

तंग आकर मैंने कहा – "बस कर मेरे बाप! तेरे साथ सोता हूँ, तेरे साथ जागता हूँ, तेरे साथ उठता हूँ, तेरे साथ बैठता हूँ, तेरे साथ खाता हूँ, तेरे साथ पीता हूँ, तुझसे सामान ख़रीदता हूँ, तुझसे भुगतान करवाता हूँ। तू मेरी ज़िंदगी में प्राणों की तरह बस गया है। अब तू ही आरती गाता है, तू ही बाँग लगाता है, तू ही रास्ता बताता है, तू ही रास्ता भुलाता है, न्यूज़ सुनाता है, पिक्चर दिखाता है, मनों से मन की बात सुनाता है। तू अनादि, अनंत, सर्वव्यापी ब्रह्म की मानिंद मेरे कण-कण में व्याप्त हो गया है। वो दिन दूर नहीं जब बच्चे तुझे हाथ में लेकर पैदा होने लगेंगे। पिण्डदान में पिण्ड के बीच रखकर तुझे स्वर्गलोक पहुँचाना पड़ेगा। गरुड़ पुराण में गोदान की जगह मोबाइल दान करना ज़रूरी होगा।"

तभी आकाशवाणी हुई। इंद्र देव की ओजपूर्ण आवाज़ गूँजी – "सावधान! इस नाशुक्रे को स्वर्ग मत भेजना। इसके कारण इंद्राणी देवियाँ नया ग्रुप बनाकर रात-रात भर बतियाने लगेंगी। मेरी समस्त इंद्रियों को लकवा मार जाएगा, वे हमेशा के लिए सो जाएँगी। रम्भा और उर्वशी इसी पर भौंडा डांस देखकर नृत्य करेंगी। उनकी मौलिकता खो जाएगी। सारे देवता नया ग्रुप बनाकर स्वर्ग में लोकतांत्रिक व्यवस्था लाने की माँग करते हुए किसानों की तरह आंदोलन करने लगेंगे। नरकवासी एक यूनियन बनाकर हड़ताल शुरू करेंगे। स्वर्गवासी जीवात्माएँ रसरंग की मधुशालाएँ छोड़कर इसी में ऊँगली करेंगे। स्वर्ग-नरक सँभालना मुश्किल हो जाएगा।"

मृत्युलोक से कई आवाज़ें एक साथ उभरीं –

"प्रभु, सुनिए तो..."

इंद्र देव बोले – *"ख़ामोश! मेरी सुनो, नहीं तो अतिवृष्टि से तुम्हारी फसल चौपट कर दूँगा।*

अब त्रेता युग का कोई कृष्ण भी नहीं है जो तर्जनी पर पर्वत तो छोड़ो, गिद्ध भोज में भीड़ के बीच डिनर की प्लेट भी सम्भाल सके। तुम्हें पता है, मृत्युलोक में नए जोड़े सुहागरात मनाना भूलने लगे हैं। सुहागरात मनाने के तरीक़े इस पर खोजते-खोजते थक कर सो जाते हैं।

अब तो नई नवेलियों ने बच्चे पैदा करना बंद कर दिया है – इस पर ही बच्चों की किलकारी का मज़ा लेने लगी हैं। औरत-मर्द इसी टुटपूँजिए पर वाइल्डलाइफ़ के वीडियो देख, जानवरों जैसे प्यार करना और लड़ना सीख रहे हैं। धरती की अप्सराओं का कारोबार चौपट हो रहा है। अखंड भारत का ख़्वाब दिखाने वाली सरकार का जी.एस.टी. संग्रह कम हो रहा है।"

आकाशवाणी से आलोचना सुनकर मोबाइल साहित्यजीवी कार्यकर्ता की तरह बेक़ाबू हो गया। उसने इंद्र के विरुद्ध न्यायालय में मानहानि का केस लगा दिया। यूनियन बनाकर देश की चालीस अदालतों में केस लगवा दिए। इंद्र देवता को नोटिस गया, परंतु एक साल तक तामील नहीं हुआ। पवन देव नाश्ता-पानी करके टीप लगा देते हैं कि प्रतिवादी घर पर नहीं हैं। स्वर्ग में ताला डला मिलता है। अचानक सॉफ़्टवेयर ख़राब होने लगे। बैटरियाँ ख़त्म होने लगीं। लोगों के मोबाइल पानी में गिरकर ख़राब होने लगे। मियाँ-बीबी को फ़ुर्सत मिलने लगी, तो वे फिर आपस में झगड़ने लगे।

पहली सुनवाई पर ही सर्वोच्च दिव्य न्यायालय ने सभी मोबाइल की शिकायतों का स्वतः संज्ञान लेकर, यथास्थिति बरकरार रखते हुए, मोबाइल को कभी न लगने वाली अगली तारीख़ और कभी न आने वाले अगले आदेश तक मुस्तैदी से काम पर बने रहने का हुक्म जारी कर दिया है।

इंद्र देव कोर्ट के अंतरिम आदेश का परीक्षण करवा रहे हैं कि क्या न्यायालय का आदेश देवताओं के मौलिक अधिकारों का उल्लंघन है? या इसे कैसे संविधान विरोधी या राष्ट्रद्रोही करार देकर, कृषि क़ानूनों की तर्ज़ पर

निरस्त करवाया जा सके? या आदेश को चुनौती दी जा सके? जब कोई रास्ता निकलता नहीं दिखा, तो इंद्र ने पोप और ख़लीफ़ा से मिलकर **ईश-यूनियन** बना ली।

एक संयुक्त बैठक का आयोजन किया गया।

पोप बोले – "*प्रेम-करुणा की जगह नग्न-रुग्णता ने ले ली है, जिसे छोटे वीडियो में परोसा जा रहा है।*"

ख़लीफ़ा बोले – "*लाहौल वला क़ुव्वत इल्ला बिल्लाह, लोग इस नाशुक्रे मोबाइल से तीन तलाक़ देकर क़ुरान को झुठलाने लगे हैं, कुछ करना होगा।*"

ईश-यूनियन ने ब्रह्मांड कोर्ट में दिव्य न्याय की माँग की है। ब्रह्मांड कोर्ट द्वारा यथास्थिति बरक़रार रखने का दिव्य आदेश पारित हुआ है। सुनवाई की तारीख़ मिलनी है। प्रकरण ब्रह्मांड कोर्ट में लंबित है। इस बीच **मोबाइल-पुराण** लिखना शुरू कर दिया गया है, जिसे न्यायालय में बतौर दस्तावेज़ पेश करने की योजना है।

2

प्रखर साहित्यजीवी

देश में जब किसान आंदोलन चल रहा था, तब एक बहुत बड़े नेता जी ने तंज कसा था कि अब देश में 'आंदोलनजीवी' नाम की एक नई प्रजाति पैदा हो गई है, जो नागरिकता क़ानून और कृषक हितैषी क़ानूनों के विरुद्ध प्रायोजित आंदोलनों पर जीवित रहती है। मगर वे यह बताना भूल गए कि एक फ़र्ज़ी गांधीवादी बाबा के जिस आंदोलन के कारण उनके भाग्य से छींका टूटा था, वह भी 'आंदोलनजीवी' की ही करामात थी।

एक 'आंदोलनजीवी' करोड़ों की कम्पनी खड़ी कर धन योग आसान साध रहा है। दूसरा 'आंदोलनजीवी' दिल्ली में मुफ़्त बिजली बाँट कर सत्ता का करेंट पा रहा था – शराब घोटाले में ठिकाने लग गया।'

अपने को वरिष्ठ साहित्यकार कहलवाने वाले सुख़नदास बहुत दिनों से खुद के ऊपर व्यंग्य लिखने की सोच रहे थे। इस 'आंदोलनजीवी' शब्द से उनके दिमाग़ की बत्ती जल गई। आख़िर वो दिन आ ही गया। उन्होंने सोचा – आत्म प्रवंचना पर कुछ लिखा जाए। विचार दिमाग़ में कुलबुला ही रहा था, तभी एक अति सक्रिय अंतरंग 'साहित्यजीवी' ने उनके दरवाज़े पर दस्तक दी।

"सुख़नदास जी हैं का, भैया?"

सुख़नदास पाकीज़ा के गाने सुन रहे थे। उन्होंने अपने बेतरतीब लेखकीय दीवानख़ाना से दीर्घ स्वर में आवाज़ लगाई – "ठाड़े रहीयो बाँके

यार, हम अबई निपकी तौलिया खिसका के, पजामा चढ़ात, नाड़ा ऊपर से लपेट दरवाज़ा खोलत हैं"

अंतरंग साहित्यजीवी भी ठेठ बुंदेलखंडी में बोले –

"हओ ठाड़े हैं, हम कौन जा रहे हैं, हम तो उनमें से हैं, कै टारे नै टरें और बारे नै बरें, सावन की गीली लकड़ियाँ हैं।"

वे भीतर आए, जूता निपका, बैठक में घुसे, चपल निगाहें मैदान की आठों दिशाओं में घुमाईं, मानसिक ग्लोब सचिन स्टाइल में खोल कर कसे, लोवर की मियानी ढ़िलयाई, बल्ला ठोंक के पिच का मुआयना किया, दिमाग़ में उठते ख़मीर को परखा, ज़मीर को संतुलन में लाए – जैसे छक्का मारने की तैयारी कर रहे हों। इसके पहले कि वे ऐसी जगह बैठें जहां से उन्हें किचन तक का मैदान साफ़ दिखे, सुख़नदास ने उन्हें फिरकी गेंद डाल कर ऐसी जगह बैठने को बताई जहां से सिर्फ़ बाहर जाने का रास्ता भर दिख रहा था। वे मन मसोस कर बैठ गए।

औपचारिक हालचाल के बाद अंतरंग बातचीत शुरू हुई। वे बोले –

"और बताओ यार, तुमरी बड़ी चर्चा है, का लिख रहे हो?"

सुख़नदास ने कहा – "अंतरंग भैया, हम यात्रा वृतांत लिख रहे हैं।"

अंतरंग – "अच्छा, ये बताओ, लिख तो खूब रहे हो, बिक भी रही हैं, कोई पढ़ भी रहो है या वैसई हवा में बल्ला घुमात रहत हो?"

सुख़नदास – "बिक रही हैं, बीस-पच्चीस किताबें हर महीना बिक जात हैं।"

अंतरंग – "तुम यार... वैसई दौंदरा पेलत हो?"

सुख़नदास ने खाते में रॉयल्टी की जमा रक़म दिखाई। उनका चेहरा उतर गया। ठंडी आह लेते बोले – "सही में बिक रही हैं यार। अच्छा जा बताओ, तुम्हें ईनाम-विनाम काय नहीं मिलें?"

सुख़नदास ने पूछा – "पहले जा बताओ, चाय पी हो के ठण्डों?"

अंतरंग – "यार, चाय पहले, फिर एकाध घंटा बाद ठंडाई खींच लहँ। हम तो तुम्हारे अंतरंग हैं।"

सुख़नदास का चेहरा उतर गया, फिर भी खोखली मुस्कान रख कर बोले –

"अंतरंग भैया, असल में ईनाम-विनाम वाली किताब और बिकबे वाली किताबें अलग-अलग होत हैं। ईनाम वाली किताबें सरस्वती साधना हैं और बिकने वाली किताबें लक्ष्मी आराधना हैं। तुम तो जानत हो कै सरस्वती और लक्ष्मी जी की आपस में बनत नहीं है। दोई एक साथ शॉपिंग को भी नहीं जाएँ, और अगर बाज़ार में टकरा भी जाएँ, तो कन्नी काट कै निकल जात हैं।"

अंतरंग बोले – "सम्मान के लिए तो कविता संग्रह या लघुकथा संग्रह लिख लो, नाटक लिखो, समीक्षा लिखो। फिर गुरु लोगों की चरण वंदना, संगठन सेवा और मंच संचालन वग़ैरह में खून-पसीना बहाओ, माला पहनाओ, अख़बारों में ख़बर छपवाओ। यदि सब लिखने-पढ़ने लगे, तो ये काम कौन करेगा?"

सुख़नदास ने पूछा – "हूँ, तो यही आपकी साहित्यजीवी श्रेणी है?"

अंतरंग ने कहा – "नहीं, वे केवल साहित्यजीवी नहीं, श्रमजीवी भी हैं। भारी भाग-दौड़ करते हैं। आप भी ये सब क्यों नहीं करते?"

सुख़नदास ने सफ़ाई दी – "साहित्यजीवियों में प्रतिस्पर्धा बहुत है। लिखने में कोई स्पर्धा नहीं है। अकेले बैठे लिखते रहो। पुरस्कार नहीं मिलेंगे, न सही। गुरु लोगों का तिरस्कार भी पुरस्कार होता है। मान्यता के चक्कर में एकलव्य अंगूठा से हाथ धो बैठा था! फिर पूरे जीवन भर बिना अंगूठा रहा। पत्नी कहती होगी – सत्यानाश हो द्रोणाचार्य का, आदमी सब्ज़ी काटने लायक़ नहीं छोड़ा। अंगूठा की जगह छिंगली कटवा लेते! पुरस्कार नहीं मिलता तो ना सही, मगर अंगूठा मटर छीलने के काम तो आ रहा होता।"

अंतरंग – "अच्छा ये बताओ, आपकी किताब दूसरी भाषा में अनूदित होने वाली थी, उसका क्या हुआ?"

सुख़नदास – "वसंत पंचमी के दिन मोहाली से किन्हीं कुलविंदर का फ़ोन आया कि वे किताब को गुरुमुखी भाषा में निकालना चाहते हैं। उसी दिन अनुबंध हो गया। शिवरात्रि के दिन फ़ोन आया कि पाँच सौ किताबों की रॉयल्टी जमा करने हेतु खाता नंबर वग़ैरह दीजिए। हमने नंबर दिया और

दस मिनट के भीतर खाते में रॉयल्टी आ गई। फिर शिवरात्रि के दिन ही फ़ोन आया कि, 'साहब, "स्त्री-पुरुष" किताब भेजिए, उसे भी छापेंगे।' अब देखिए, वसंत पंचमी पर शारदा माँ प्रसन्न हुईं और शिव-पार्वती जी की शादी की सालगिरह के दिन लक्ष्मी प्रसन्न हो गईं। दोई माता सध गईं। हम सम्मान के चक्कर में नहीं पड़कर लिखने-पढ़ने में लगे हैं।"

अंतरंग – "ठीक है, आप साहित्यजीवी न बनो। पाठकों का पुरस्कार आपको मिल रहा है, वही सबसे बड़ा पुरस्कार है। परंतु गोष्ठियों में शिरकत करते रहो। गोष्ठियों का आनंद विलक्षण है। दुनियावी लोगों की तरह साहित्यकारों में भी स्नेह-प्रेम और ईर्ष्या-द्वेष, कपट के युद्ध चलते हैं। किसी की रचना अच्छी लगी तो प्रसन्नता तो व्यक्त करते हैं, परंतु अंदर ही अंदर कुढ़ते हैं। उतरे चेहरे पर प्रसन्नता ऐसी लगती है जैसे रबड़ी की भरी तश्तरी में किसी ने इमली की चटनी डाल दी हो – देखने में और स्वाद में भी बड़ी अजीब सी लगती है।"

सुख़नदास – "गोष्ठियों में किसी की बासी-तिपासी रचना पर ख़ुशी की उलटवासी दिखती है। अपनी रचना सुनाने की भारी ललक होती है, परंतु दूसरों की रचना सुनने की फ़ुर्सत नहीं रहती। अधिकांश साहित्यजीवी देरी से आते हैं और जल्दी निकल जाते हैं। अध्यक्ष और मुख्य अतिथि चार लोगों के पहुँचने पर पहुँचते हैं, और आख़िर में उनके साथ चार ही बचते हैं। लेकिन आख़िर वाले चार, शुरू वाले चार से अलग होते हैं।"

अंतरंग – "यार भैया, तुम हो क्या? शहर के कवि तुम्हें कवि नहीं मानते, ग़ज़लकार तुम्हें ग़ज़लकार नहीं मानते, कहानीकार तुम्हें कहानीकार नहीं मानते, लघुकथा वाले तुम्हें लघुकथाकार नहीं मानते और व्यंग्यकार तुम्हें व्यंग्यकार नहीं मानते। आख़िर तुम हो क्या?"

सुख़नदास – "असल में हम वह हैं जो दूसरे सब नहीं बन पाए हैं – वे ढोंग भर करते रहते हैं। हमको पढ़ते-पढ़ते जो समझ आया, लिख दिया। लिखने के लिए नहीं लिखते, सम्मान के लिए नहीं लिखते। हम मूलतः पाठक हैं। असल में, जो 'जो नहीं होता', वही टैग लगाकर खुश होता है। हम पर कोई टैग नहीं है।"

अंतरंग – “आप व्यंग्य या लघुकथा लिखो – ईनाम-सम्मान का अचूक नुस्ख़ा है। डी मार्ट की फुटकर मार में वांग्यमय उपन्यास की बड़ी किराना दुकान भले ही न चले, लेकिन साँची दूध टपरा पर व्यंग्य के बासी पैकेट, गुलगुली फफूँद लगी लघुकथा की डबल रोटी, और कुछ चुटकुला-नुमा नूडल मसाले के पैकेट में कविताएँ, तथा चिप्स के पैकेट-नुमा दोहे खूब चलते हैं। छपाई खर्च कम और बेचने की झंझट नहीं। प्रकाशक इन विधाओं के लेखकों को दिया लेकर ढूँढते हैं। एक महीने में चार ऐसे लेखक मिल गए, तो उनकी कमाई पक्की है। किताब बिकने की भी झंझट नहीं।”

सुख़नदास – “अजी हुज़ूर, कल ही लिखी है – लघुकथा-सह-व्यंग्य, बिल्कुल ताज़ा, राजस्थानी जलेबी-सी चाशनी टपकती, कड़क गरमागरम रचना। सुनिए।”

अंतरंग – “चलिए, सुनाइए।”

“ज्येष्ठ-वैशाख की झुलसती गर्मी के बाद आषाढ़ में आर्य भूमि पर वर्षा की बूँदें रूमानी मौसम की बहार लाती हैं। सावन-भाद्र मास में पृथ्वी पर हरी घास की मख़मली चादर बिछ जाती है। जीव-जंतु, पेड़-पौधे सर्वत्र सृजन के खेल में मस्त होने लगते हैं। रीति कालीन संयोग-शृंगार के गीत हृदय में आनंद का संचार करते हैं। प्रियतम से दूर स्त्रियाँ विरह गीत गाकर उन्हें उलाहना देकर बुलाती हैं। वियोगी गीत मन में टीस जगाते हैं। काले बादलों से झरती रिमझिम फुहारों में नहाए बागों में मोर नाचने और पावस गोष्ठियों में कवि बरसने लगते हैं।

अब सीमेंट-कंक्रीट से सुसज्जित आधुनिक कालोनियाँ बस गई हैं। वहाँ मोर देखने को नहीं मिलते, सिर्फ़ मोरनियाँ बिचरती हैं। झोला छाप कवि, गोष्ठियों से निकलकर कालोनियों में ‘हल्के’ होने की जुगाड़ ढूँढते फिरते हैं। सावन-भादों के दिनों में, यदि साहित्यकार कवि गोष्ठी से चाय-पानी पीकर इन कालोनियों में पहुँच जाए, तो फ़ुरसत होने का ठिकाना ढूँढते-ढूँढते बारिश के पानी में ख़ुद का पानी मिला, पानी-पानी होकर घर वापस पहुँचता है।”

एक दिन साहित्यकार जब रसारस हालत में घर पहुँचे, तो घरवाली ताना देती बोली – “साहित्य रस में डूब कर आ गए! लगे हाथ झोला पकड़ो

और नुक्कड़ से मिर्ची-धनिया ले आओ। भजिए का बेसन लगा है, आकर भजिए तलो।"

साहित्यकार ने कहा – "हम सूतक से हैं। तुम भजिए भगवान को चढ़ाओगी?"

वे अकबका कर बोलीं – "काय का हो गयो? कोनऊ साहित्यकार तुमरी कविता सुन के टपक गयो का, या कौंनहू की मिट्टी में हो आए?"

साहित्यकार ने कहा – "ऐसा कुछ नहीं हुआ। मिट्टी में नहीं जा पाया – यही तो तकलीफ़ है। भगवान और भक्त का पानी एकसार हो गया।"

"हे भगवान! सत्यानाश हो तुमरे साहित्यकार शौक़ का! ऐसे कैसे ढिलयाय गए? कै रास्ता में ही निपक गए? रोक नै सकत थे? घर आ कै बगर जाते!"

पत्नी नीची गर्दन किए बहुत देर तक उनके परिधान से टपकता पानी और साहित्यकार पत्नी के चेहरे से टपकता गुस्सा देखते रहे। जब गुस्सा थोड़ा ठंडा हुआ और फुलपैंट मियानी से निथर चुका, तब साहित्यकार महोदय का वैसा ही गृह-प्रवेश हुआ, जैसा मूतता बछड़ा गली में रंगोली बनाता चल रहा हो।

सुख़नदास की रचना सुनकर साहित्यजीवी बोले – "अच्छा है, तुम सबकी बखिया उधेड़ते हो यार। तुम्हें ईनाम-सम्मान नहीं मिलना। निठल्ले ही रहोगे। तुम्हारी प्रतिभा मानसूनी पानी की तरह बरसाती नदी-नालों में बहकर समुद्र में बेकार मिलती रहेगी। फिर भी यह कृति सम्मान हेतु निविदा में दाख़िल कर दो। आजकल पुरस्कार भुगतान पर मिलने लगे हैं। आजीवन सदस्यता को दो हज़ारी रास्ता सबसे बढ़िया है। टेंडर खुल गया तो इसी बैठक में सम्मान लेते फ़ोटो टंगना क्या बुरा है? आपको पुरस्कार देने के लिए उन्हें लघुकथा-सह-व्यंग की नई श्रेणी बनानी पड़ेगी – ठीक वैसे ही जैसे दो अलग नस्ल के कुत्तों से कुत्ते की एक नई नस्ल पैदा होती है। आपकी रचना में दो विधाओं को मिलाकर नई विधा अस्तित्व में आने की पूरी संभावना है। अब आपका पुरस्कार पक्का है।"

सुख़नदास – "तो ठीक है। कल ही अध्यक्ष जी के घर पर दे आते हैं।"

सुख़नदास को नगर की साहित्यिक संस्था के अध्यक्ष के निवास पर वार्षिक पुरस्कार हेतु अपनी जानकारी के साथ पुस्तक पहुँचाने जाना था। अध्यक्ष महोदय ने सुबह आठ बजे का समय दिया था। कवि महोदय कॉलोनी के अंदर दाख़िल होकर घर ढूँढते हुए एक बड़े चौराहे पर पहुँचे। उन्हें घर नहीं मिल रहा था। कोई सज्जन बाहर भी नहीं दिख रहे थे। कुछ सर्वहारा, थकी-थकी सी कामवाली औरतें बुर्जुआ घरों की तरफ़ जाते दिख रही थीं। कुछ भद्र महिलाएँ पूँजीवादी कुत्तों को साथ लिए निस्तार वास्ते सड़कों को गुलज़ार कर रही थीं। उनकी ज़ंजीरों में बँधे कुत्ते जगह को सूँघ कर, कि सामने वाला मकान विरोधी पार्टी का है, एक टाँग उठाकर काम निपटा रहे थे।

सुख़नदास चौराहे पर खड़े होकर किसी से अध्यक्ष महोदय के घर का पता पूछने की जुगत में चारों तरफ़ देख रहे थे। कुछ दूधवाले फेंसिंग वॉल पर दूध के पैकेट रख रहे थे। कुछ हरकारे अख़बार की पुंगी बना, पूरी ताक़त से घरों की दीवारों पर मार कर पत्रकारी गुस्सा निकाल रहे थे। कोई भी रुक नहीं रहा था, जिससे अध्यक्ष महोदय के घर का पता पूछा जा सके। तभी आठ-दस कुत्तों का एक झुंड संसद में नेताओं की तरह लड़ता हुआ उस चौराहे पर आ धमका। वे सभी चौपाये सृजन मजबूरी के शिकार थे।

एक मकान की बालकनी से एक बच्चा कुत्तों की धमाचौकड़ी देखने लगा। उसकी माँ घर के अंदर से अचानक तीर की तरह निकली और बच्चे को तीन-चार चपत लगाते हुए ले जाकर एक कमरे में बंद कर दिया। बच्चे को कुछ समझ न आया कि आख़िर हुआ क्या।

एक अन्य मकान की छत पर एक नवयुवती पुस्तक हाथ में लिए सबक़ याद कर रही थी। उसकी माँ ने बच्ची के हाथ से किताब छीनकर उसे अंदर बुलाकर पढ़ने को कहा। उसके नहीं मानने पर घर के मुखिया ने उसे बुरी तरह डाँट-डपट कर अंदर बिठा दिया।

एक भद्र पुरुष नहा-धोकर, तिलक लगाकर एक हाथ में दीपक और दूसरे हाथ में घंटी बजाते हुए तुलसी और सूर्य को जल अर्पित करने बाहर निकले। कुत्तों की धमाचौकड़ी देखकर "राम-राम" कहते हुए नाक-भौं सिकोड़ते हुए जल अर्पित किए बिना ही वापस अंदर चले गए।

तभी एक वृद्ध मनुष्य वहाँ से गुज़रे। कुत्तों को गालियाँ बकते हुए डंडे से मारने लगे। एक अन्य सज्जन वहाँ पहुँचे। बोले, "क्यों गुस्सा हो रहे हो?" वृद्ध बोले, "ये साले गंदगी फैलाते हैं। इनको गोली मार देना चाहिए।"

दूसरे सज्जन बोले, "भाई साहब, जब पशु स्वाभाविक रूप से कुछ करता है तो उसे गंदगी फैलाना कहा जाता है, और जब मनुष्य वही करे तो उसे वंशवृद्धि व्रत पर आरूढ़ कहा जाता है! वह तो पितर ऋण का उतारा कर रहा है। यह एक बहुत सामान्य प्रक्रिया है। अनदेखा करके निकल जाइए।"

उसी समय एक बुद्धिमान-सी दिखती महिला अपनी कैशोर्य पुत्री के साथ छत पर आई। वह कुत्तों की आवाज़ों से अप्रभावित, सुबह की ताज़ी हवा में चहचहाते पक्षियों का आनंद लेते हुए कुछ देर खड़ी रही। उसकी पुत्री दसवीं कक्षा में पढ़ रही थी। उसने माँ से पूछा, "ये कुत्ते क्यों झगड़ रहे हैं?"

माँ ने समझाया, "बेटा, मनुष्य और पशु – दोनों में भूख, नींद, आराम और प्रजनन की प्रवृत्तियाँ एक-सी होती हैं। लेकिन मनुष्य ने समाज को व्यवस्थित करने के लिए संस्कारों से एक भद्र संस्कृति विकसित की है। भारत में श्रीराम ने मर्यादा की स्थापना करते हुए आजीवन एक पत्नी व्रत का पालन किया। आज़ादी के बाद हमारे देश में क़ानूनन नागरिक एक ही शादी करके परिवार में सुख-शांति से रह सकते हैं। जो लोग ऐसा नहीं करते, वे पशु-तुल्य होते हैं। इसी लिए ऐसे लोगों के लिए 'कुत्ता-कुतिया' जैसे विशेषण लगाए जाते हैं।"

पुत्री ने माँ को स्निग्ध नज़रों से देखा। वह माँ द्वारा दिए गए नीतिशास्त्र के सामयिक सबक़ से अभिभूत थी। उसने हाथ में ली पुस्तक खोली और पढ़ाई में ध्यानमग्न हो गई।

सुख़नदास को बहुत ढूँढ़ने पर भी अध्यक्ष महोदय का घर नहीं मिला। मोबाइल पर उनका नंबर अनुत्तरित मिल रहा था। उन्हें घर मिल भी जाता, तो क्या कर लेते? पुरस्कार तो आवेदन-पत्र बुलाने से पहले ही निर्धारित हो जाते हैं।

शाम को अंतरंग का संदेश मिला – "किताबें लिख-लिख कर छपवाने से कुछ नहीं होने वाला है। यदि कृति सम्मान चाहिए, तो फ़लाँ संस्था के

आजीवन सदस्य बन जाइए। रकम भी अधिक नहीं, मात्र दो हज़ार है। जो सम्मान-पत्र, शाल, श्रीफल, माला और साथ में चार दोस्तों की खाने की प्लेट में वसूल हो जाएगी। आप 'सम्मानित वरिष्ठ साहित्यकार' की श्रेणी में वर्गीकृत होने लगेंगे। सम्मानों की सूची में एक और पुरस्कार का इज़ाफ़ा घर बैठे हो जाएगा। हम आख़िर आपके अंतरंग मित्र हैं।"

3

भ्रष्टाचार का बुल्डोज़र

बाल काटने वाले नाई की दुकान पर सोनू नाई, लल्लू धोबी, रविंद्र सिंह दूधवाला, उस्मान टायर-पंक्चर वाला, अरमान भाई चिकन ताज़ा, और दस हज़ार का इनामी बदमाश कल्लू कबाड़ी बातों का मज़ा ले रहे हैं।

कल्लू कबाड़ी – यार, ये नेताओं को कोई काम-वाम नहीं रहता क्या? जब देखो तब भाषण पेलते रहते हैं। साले सब पैदाइशी बदमाश हैं।

रविंद्र सिंह – यार, दूध में पानी मिलाए बग़ैर धंधा हो ही नहीं सकता। नेताओं का क्या है, 'स्थानापन्न व्यवस्था' से अतिरिक्त औलाद पैदा करके उनके लिए ख़ूब सा सामान ख़रीदते हैं, जो अंततः कल्लू के कबाड़ में पहुँच जाता है। कंपनियों की कृपा से आजकल हर चीज़ दो-तीन साल में कबाड़ हो ही जाती है। इसका धंधा तो हमेशा शबाब पर रहता है। और उस्मान, तेरा कैसा चल रहा है?

उस्मान – यार, कीलें बहुत महँगी हो गई हैं। गाड़ियों को पंक्चर करने की लागत, पंक्चर बनाने की क़ीमत से अधिक बढ़ गई है।

लल्लू धोबी – बिजली का खर्चा आसमान पर चढ़ रहा है। लोगबाग़ कपड़े धुलाना पहले ही कम कर चुके थे, अब प्रेस कराने नहीं आते। तकिए के नीचे रखकर फिर उन्होंने पुराने लोटे निकाल लिए हैं, अंगार भरकर इस्त्री फेर काम चलाने लगे हैं।

कल्लू कबाड़ी – साला, इतना गुस्सा आता है कि कलेक्टर ऑफिस के सामने चाट के ठेले से चमार की दुकान तक सब पर बुल्डोज़र चला दूँ।

अरमान भाई – अरे, बुल्डोज़र की क्या ज़रूरत है। अपने पास हथियारों का पूरा इंतज़ाम है। लोकतंत्र में सबको आज़ादी है। जो हमारी रोज़ी-रोटी से खेलेगा, मिटा कर रख देंगे।

सोनू नाई, बातें सुनकर उस्तरा चमकाते हुए बोला – सालो, अपनी औक़ात देखी है कभी? चले हो कलेक्टर ऑफिस पर बुल्डोज़र चलवाने!

कल्लू कबाड़ी, मूँछ को चंद्रशेखर आज़ाद स्टाइल में खींचते बोला – अबे खवास, औक़ात तो पद से होती है। पद पर बैठने के पहले हर अफ़सर या नेता एक कबाड़ी होता है। मैं विधायक भी बन गया तो देखना, तेरी दुकान पर बुल्डोज़र चलवा दूँगा।

उस्मान – कल्लू भाई, लोकतंत्र भी तो कोई चीज़ है, बुल्डोज़र चलवाने के कुछ उसूल होते हैं।

कल्लू कबाड़ी – जब तेरी दुकान पर बुल्डोज़र चलेगा, तब तू उसूल ढूँढते रहना।

प्रायः इस तरह की बातें रोज़ाना होती रहती थीं। एक दिन सोनू नाई की दुकान पर विधायक जी का चेला कटिंग बनवा रहा था। इन लोगों ने विधायक जी का भी ख़ूब मज़ाक उड़ाया। उसने विधायक जी को सारी बातें बताईं। विधायक रिपुदमन सिंह जी ने सोचा – यार, साले सब अपनी पार्टी के कार्यकर्ता हैं, लेकिन सबक तो सिखाना ही पड़ेगा।

विधायक जी नगर के अनुविभागीय अधिकारी से मिले। उन्होंने बस्ती में अतिक्रमण हटाने की मुहिम छेड़ने की ज़रूरत बताई। अनुविभागीय अधिकारी आलोक माथुर नए-नए आए थे। वे भी धाक जमाने का मौक़ा खोज रहे थे। उन्होंने सोचा – अच्छा है, जो अतिक्रमण हटाने की मुहिम का विरोध करते हैं, वे ख़ुद अतिक्रमण हटवाने की बात कर रहे हैं।

उन्होंने पूरी बातचीत एक कनिष्ठ अधिकारी की सहायता से रिकॉर्ड करवा ली। उसके बाद वे एस.पी. राजेंद्र सिंह से मिले और अतिक्रमण हटाओ मुहिम का नक़्शा तैयार हो गया।

मई महीने में नौतपा के दिन चल रहे थे। मोहल्ले के लोग अपनी दिनचर्या पूरी करके जब दोपहर की झपकी ले रहे थे, तब तक सब कुछ सामान्य था। लेकिन शाम को आँख खुली तो लोगों ने चौराहे पर एक बुल्डोज़र खड़ा देखा। साथ में बंदूक़ों से लैस कुछ सिपाही एक बड़ी गाड़ी में बैठे थे और कुछ चहलक़दमी करते नज़र आ रहे थे। उन्हें देखते ही सब लोग चौंक गए। कानाफूसी होने लगी।

बुल्डोज़र देखना अच्छा संकेत नहीं था। ये काली बिल्ली के रास्ता काटने जैसा या शुभ काम से निकलते समय मुँह पर छींक देने से भी बड़ा अपशकुन था, क्योंकि आजकल बुल्डोज़र का मतलब यमदूत का मशीनी संस्करण हो गया है। कोई-कोई इसे 'कौआ मिथुन' देखने सा अपशगुन मान रहे थे। अब किसी वैध अपराधी या अवैध इमारत का एनकाउंटर होना तय है।

देखते ही देखते मोहल्ले वालों में कानाफूसी चरम पर पहुँच गई – "यह किसके कर्मों का फल है? कौन हमारा चैन छीनने आया है?" दरोगा जी कल्लू कबाड़ी को कई बार चोरी-चकारी छोड़ देने की चेतावनी दे चुके थे। "आख़िर आ गई न शामत!" "खड़े-खड़े लफ़्फ़ाज़ी करने से कुछ न होगा, सोचो इस मुसीबत से कैसे बचा जाए।"

"चीते की चाल, बाज की नज़र और बाजीराव की तलवार से बचना आसान है, सरकारी बुल्डोज़र से नहीं।"

"तरकश से तीर निकल चुका है, अब लक्ष्य भेदकर ही लौटेगा।"

जितने मुँह, उतनी बातें।

पाँच मिनट बाद एक गली से लुंगी-बनियान पहने ढाई सौ का इनामी बाबू बजरंगी निकला।

उसके हाथ में एक तख़्ती थी, जिस पर लिखा था – "दुहाई हो... जान की दुहाई हो... यह हिंदुस्तान है... यहाँ भीड़तंत्र नहीं, लोकतंत्र है... मैं सरेंडर करने को तैयार हूँ, मेरा एनकाउंटर न किया जाए।"

बाबू को देखकर सबके मुँह से आह निकल गई। "अभी इस बदनसीब की उम्र ही क्या है! जुर्म की दुनिया में आए एक साल भी नहीं हुआ। बेचारा

न कुछ कमा पाया, न बना पाया। बेचारे का करियर बनने से पहले ही उजड़ रहा है। भगवान ऐसा अपराधी किसी को न बनाएँ।"

लेकिन बाबू पर इन सारी बातों का कोई असर नहीं हुआ। वह मोहल्ले की पुलिस चौकी की ओर बढ़ता गया। चौकी में एकमात्र सिपाही मौजूद था। उसने बाबू का सरेंडरनामा स्वीकार करने से मना कर दिया।

बोला – "तेरा सरेंडर दारोगा जी के अधिकार क्षेत्र में आता है। दारोगा जी ने भी सवेरे-सवेरे अपने फ़ार्म हाउस के पास बुल्डोज़र के दर्शन कर लिए हैं। अतः वे भी सरेंडर करने इंस्पेक्टर साहब के पास गए हैं। सुना है, इंस्पेक्टर साहब के निजी घर के बाहर भी बुल्डोज़र देखा गया है। इसलिए कोई ठिकाना नहीं कि वे भी एस.पी. साहब के यहाँ गए हों।"

बेचारा बाबू बजरंगी अपनी बदक़िस्मती पर आँसू बहाता हुआ पुलिस चौकी के बाहर अनशन पर बैठ गया।

क्षेत्र के विधायक रिपुदमन सिंह जी को ख़बर लगी। वे चेलों के साथ बाबू बजरंगी के पास आए। उसे गले लगाया, उसके गले में माला पहनाई। नारे लगने लगे – "हर ज़ोर-ज़ुल्म की टक्कर में संघर्ष हमारा नारा है... इंक़लाब ज़िंदाबाद... लड़ के लेंगे अपने हक़... भूलो मत, भूलो मत... बाबू बजरंगी आगे बढ़ो, हम तुम्हारे साथ हैं... इंक़लाब ज़िंदाबाद!"

पुलिसकर्मियों से भरी जीपें सायरन बजाती दौड़ने लगीं, मानो जलियाँवाला बाग़ कांड होने वाला हो – जिसमें से एक सर्वमान्य नेता का जन्म होना तय था। चौराहे पर अनुविभागीय अधिकारी आलोक माथुर की गाड़ी आकर रुकी। थोड़ी देर में एस.पी. राजेंद्र सिंह का वाहन भी लाव-लश्कर के साथ आ धमका।

इंस्पेक्टर हरनाम कुशवाह ने माइक से ऐलान किया – "सब लोग अपने अतिक्रमण हटा लें, नहीं तो बुल्डोज़र से तोड़फोड़ होगी और उसके खर्चे की ज़िम्मेदारी अतिक्रमण करने वालों की होगी। शासन की कोई ज़िम्मेदारी नहीं है।" दस मिनट तक घोषणा होती रही। कोई असर न होते देख, बुल्डोज़र गतिशील हुआ।

सोनू नाई की दुकान की तरफ़ बुल्डोज़र का पंजा बढ़ने लगा। सोनू नाई दौड़कर इंस्पेक्टर कुशवाह के पास पहुँचा और कान में कुछ बोला। इंस्पेक्टर एस.पी. साहब के पास जाकर बोला – "साहब, इसकी बीवी मैडम की मालिश करने आती है। जिस देह को आप ब्लैक डॉग व्हिस्की के नशे में चाटते, चूमते और चूसते हैं, वह मलाईदार स्किन इसी की बीवी तैयार करती है।" एस.पी. साहब ने सिर को झटका दिया, खुमारी झटकी – तो बुल्डोज़र चालक ने उसे रुकने का इशारा समझा।

फिर लल्लू धोबी की गुमटी की तरफ़ बुल्डोज़र चला। लल्लू धोबी अनुविभागीय अधिकारी के सहायक से मिलकर धीरे से कुछ बोला। सहायक ने अनुविभागीय अधिकारी को जानकारी दी – "साहब, वह अपना ड्राईक्लीनिंग वाला कारिंदा है। आपके कच्छे तक घिस-घिस कर धोता है। उसका पिछले दो सालों से पेमेंट नहीं हुआ है। उसका कच्छा क्यों उतरवा रहे हैं?"

बुल्डोज़र ने दूध डेरी वाले रविंद्र सिंह की तरफ़ रुख किया।

एस.पी. साहब को उसका पनीर बहुत पसंद था, इसलिए वह बच गया।

इस तरह, एक के बाद एक, अधिकारियों के कारिंदों की बदौलत टायर पंक्चर वाला उस्मान, चिकन ताज़ा वाला अरमान भाई – सभी ने राहत की साँस ली।

दस हज़ार का इनामी बदमाश कल्लू कबाड़ी खड़ा मुस्कुरा रहा था। अधिकारियों ने उसके कबाड़ पर बुल्डोज़र चलवाना शुरू ही किया था कि विधायक जी सदलबल बुल्डोज़र के सामने आ गए। उन्होंने अधिकारियों को धिक्कारना शुरू किया। तभी एक इंस्पेक्टर उनसे उलझ गया। विधायक रिपुदमन ने उसे धक्का दिया और अनुविभागीय अधिकारी व एस.पी. साहब के सामने जा पहुँचे। वे उन्हें गाड़ी में साथ बिठाकर कार्यालय ले गए। साहब के कमरे में वे तीनों ही थे। सबको बाहर निकाल दिया गया।

विधायक जी ने अनुविभागीय अधिकारी और एस.पी. साहब के सामने राजधानी में और आसपास की बेनामी संपत्ति का ब्यौरा रखते हुए कहा – "साहब, देश में लोकतांत्रिक व्यवस्था हम नेताओं और आप जैसे

अधिकारियों की बदौलत ज़िंदा है। नहीं तो पूरे देश में जंगल का क़ानून लागू होता – जिसकी लाठी, उसकी भैंस।"

दोनों अधिकारी साँसत में आ गए। अचानक अनुविभागीय अधिकारी साहब ने उस अधिकारी को बुलाया जिसके पास विधायक जी से अतिक्रमण सफ़ाई बाबत हुई बातचीत रिकॉर्ड थी। उन्होंने वह बातचीत विधायक जी को सुनाई। पूरी रिकॉर्डिंग सुनकर विधायक जी बोले – "अरे साहब, हम तो मज़ाक कर रहे थे, आपने गम्भीरता से ले लिया।"

अधिकारी बोले – "अब मामला इतना बढ़ गया है, तो एक-दो अतिक्रमण तो तोड़ने ही पड़ेंगे।" विधायक जी बोले – "मगर आप बाबू बजरंगी के लोगों को हाथ नहीं लगाएँगे। वह एक अल्पसंख्यक समुदाय का बड़ा वोट बैंक है।" अधिकारी बोले – "बाबू बजरंगी तो बड़े संप्रदाय में रजिस्टर्ड है, अल्पसंख्यक समुदाय का वोट बैंक कैसे हुआ?"

विधायक जी – "अरे साहब, उसका असल नाम बाबू बदरंगी है। अनेकों बार दल बदलने से लोगों ने उसका नाम बदरंगी रख दिया था। सबसे बड़ी पार्टी में जब घुसा तो बाबू बजरंगी कहलाने लगा।" अधिकारी – "परंतु एक-दो कार्यवाही तो करनी ही पड़ेंगी, नहीं तो लोगों के दिल से प्रशासन का डर ख़त्म हो जाएगा।" विधायक जी ने रामप्रसाद अग्रवाल मिठाई वाले और हामिद मियाँ कार सर्विस एजेंसी को उनके जाने के बाद तोड़ने की अनुमति दे दी। उन्होंने प्रस्थान पूर्व भीड़ इकट्ठी करके एक अतिक्रमण कार्यवाही विरोधी भाषण दिया कि – "अधिकारी हिटलरशाही पर उतारू हैं। हम उन पर नकेल कसवाकर उनका ट्रांसफ़र करवाने, इसी क़ाफ़िले के साथ राजधानी जा रहे हैं।"

उसके बाद अतिक्रमण हटाओ अमले ने रामप्रसाद अग्रवाल मिठाई वाले और हामिद मियाँ कार सर्विस एजेंसी को ख़ाक में मिला दिया।

इस बीच बुल्डोज़र के जो अन्य प्रभाव पड़े, वे इस प्रकार रहे – अनुविभागीय अधिकारी और विधायक जी की बैठक में समझौता हुआ। उसके अनुसार, दूध में पानी मिलाने वाले रविंद्र सिंह ने प्रायश्चित स्वरूप अधिकारियों को एक सप्ताह घी और मक्खन मुफ़्त देने का निर्णय लिया।

मोहल्ले के डाक्टर झटकावाला के नर्सिंग होम में भी "नर्सिंग डिस्काउंट" लागू कर दिया गया, और "पैर की हड्डी टूटने पर हाथ का प्लास्टर मुफ़्त" का बोर्ड लगा दिया गया। एक फ्लेक्स पर बड़े अक्षरों में लिखा गया – "इलाज के दौरान मौत हो जाने पर एंबुलेंस के साथ कफ़न सहित अंतिम संस्कार सामग्री मुफ़्त।" उसके नीचे टिप्पणी थी – "यह मुफ़्त सामग्री अस्पताल का पूरा बिल भुगतान होने पर ही प्राप्त होगी।"

सिर्फ यही नहीं, बुल्डोज़र की कृपा से मोहल्ले के खुले मैनहोलों में ढक्कन लग गए। स्ट्रीट लाइट के ख़राब बल्ब बदल दिए गए। बिजली चोरी करने वालों ने खंभे से अपनी-अपनी कटिया उतार ली। मोहल्ले में टीवी के न्यूज़ चैनलों या ओटीटी पर गूंजती वेब सीरीज़ की आवाज़ों की जगह चैन की बंसी बजती सुनाई देने लगी।

लड़कों ने नशा न करने की सामूहिक प्रतिज्ञा कर डाली। लड़कियाँ और महिलाएँ बिना तानाकशी के स्कूल-कॉलेज और मार्केट जाने लगीं। फेरी वाले बिना डंडी मारे सब्ज़ी और फल तोलने लगे। काली कमाई करने वाले व्यापारी खुद अपने बही-खाते जीएसटी कार्यालय में जाकर जमा करा आए। और तो और, जानवरों में तमाम सुधार देखे गए। कुत्ते अनुशासित हो गए। उन्होंने टाइम-टेबल बना लिया – हफ़्ते के पहले तीन दिन भौंकते और बाद के तीन दिन काटते। इतवार को छुट्टी मनाते। बेसहारा गायों ने भी यातायात नियमों का पालन शुरू कर दिया और चौराहे या सड़क के बीच बैठना छोड़ दिया। इस प्रकार शहर के व्यस्त मोहल्ले से अतिक्रमण हटाने की मुहिम सम्पन्न हुई।

तीन दिन तक बुल्डोज़र वहीं खड़ा रहा। तीन दिन बाद एक आदमी आया, बुल्डोज़र पर बैठा, स्टार्ट किया और लेकर जाने लगा। मोहल्ले वाले हैरत में थे। उससे पूछा तो जवाब मिला – "यहाँ का काम ख़त्म हो गया। अब इसे दूसरे मोहल्ले के चौराहे पर खड़ा करने जा रहा हूँ। हम लातों के भूत हैं, बातों से नहीं, बुल्डोज़र से मानते हैं।"

पास में एक पागल बैठा था, वह बोला – आम जनता की कमाई पर चलने वाला बुल्डोज़र पुलिस विभाग में, आर.टी.ओ. विभाग में, पंजीयन

विभाग में, शिक्षा विभाग के ट्रांसफ़र में, राजस्व विभाग में – और सबसे छोटा बुल्डोज़र कोर्ट-कचहरी में खड़ा रहता है, जो जज साहब को उनकी नाक के नीचे नहीं दिखता।सबसे बड़ा बुल्डोज़र तो नेताओं का राजनीतिक चंदा है।

4

सभ्य जंगल की सैर

शहर की हवाओं में धूल और धुएँ का ज़हर घुला है, लेकिन जंगल ऐसी जगह हैं जहाँ अभी भी ख़ुशबूदार जंगली हवा सरसराती बहती है। एक वन्यप्रेमी पर्यटक सतपुड़ा टाइगर रिज़र्व स्थित मढ़ई की सैर को गया। पचमढ़ी को घेरकर निकले पहाड़ी झरनों से मटकुली में देनवा नदी का रूप ले लेती है। सियारखेड़ा के आगे मढ़ई में चौड़ा पाट बनाकर तवा नदी से मिलने चली जाती है। उसकी चौड़ी छाती पर मोटरबोट सरसराती दौड़ रही थीं। राजधानी की प्रशासकीय उबासी से राहत की आस लिए एक सैलानी मढ़ई पहुँचा।उसे जंगल विभाग के गेस्ट हाउस के सामने से चूरना के जंगल में सैर को जाना था। वह एक सफ़ारी जिप्सी पर सवार हो गया। उसने बैठते ही रिंकू गाइड से पूछा, "यह अजीब-सी बदबू किस चीज़ की है?"

रिंकू बोला – साहब, यह अजीब-सी बदबू ताज़ी हवा की है, जो अब इस अति-आधुनिक दुनिया में नक़ली सुगंध फैलाने वालों, एयर प्यूरीफायर की भीड़ में, दुर्लभ हो चली है। रिंकू गाइड बोलता जाता है – वो देखिए, उस घर के आस-पास बहुत से फूल हैं। हवा यहीं से हमारी ख़ुशबू, आपकी बदबू बटोरती है। मोगरा, चाँदनी, गुलाब, गुड़हल, लिली और न जाने क्या-क्या। सबके नाम नहीं जानता। मुझे बहुत से पेड़ों के नाम भी नहीं मालूम, जो यहाँ दिन भर इस प्राकृतिक जंगल में ऐसे लहराते हैं, जैसे भोपाल के न्यू मार्केट में विधायक इतराते हैं।

हद तो तब हो गई जब सैलानी सामने खड़े बरगद के पेड़ तक को पहचान न सका। बोला, "यह इतना ऊँचा क्या है?" असल में, शहरी बरगद को उसने जब भी देखा है, धरती की सतह पर छतरी की तरह पसरे देखा है। यह वाला बरगद ज़मीन से सतपुड़ा वाटर की खुराक खींचकर लम्बा हुआ जा रहा है – जैसे माँएँ बच्चों को लम्बा करने के लिए आयरन युक्त ग्राइप वाटर पिलाती हैं। पत्तों के रंग भी चटख हैं और यह शहरी बीमार पेड़ों की तरह उदास नहीं लगता – खिला-खिला सा लहराता है।

सैलानी कल रात की खुमारी का उनींदापन लिए झपकी ले रहा है, रिंकू गाइड अपनी बात जारी रखता है – साहब, देखिए, आम के पेड़ लदे हुए हैं। घर के आँगन वाले आम ने इस बार नेताजी अंदाज़ में धोखा दे दिया। जब गर्मियों की छुट्टियों में यहाँ रहना नहीं होता था, तो हर बार खूब आम लगते थे। उन्हें भारी मन से छोड़कर जाना पड़ता था – जैसे दंगाइयों के आने पर सज्जनों को घर में कीमती सामान छोड़कर भागना पड़ता है। जब इस बार यहीं रह गए तो मुए पेड़ ने फलने से इंकार कर दिया। खाद की सब्सिडी और न्यूनतम मूल्य माँगता है। इतने बड़े पेड़ में चिढ़ाने के लिए बस दो-चार लगे हुए हैं – जैसे सरकारें किसी बड़े हादसे के बाद बहुत ऊँची आवाज़ में छोटे-से मुआवज़े का ऐलान करती हैं।

जीप पर बैठा शहरी सैलानी खर्राटे की सरगम में रम की बासी भरी श्वास फुर्र छोड़ रहा है। रिंकू गाइड बोलता जा रहा है – आम हैं तो कोयल भी कूकती है। ऑफिस की तरह कोई समय निर्धारित नहीं है – जब मन हुआ, कूक लिया। अभी कल ही दो कोयलों की जुगलबंदी सज्जन-रज्जन मिश्रा सी चल रही थी। संगीत सभा में कुछ राजनीतिक कौवे आ गए। उन्हें कोयल का कूकना बर्दाश्त नहीं – वे फटे स्वरों में काँव-काँव करने लगे। ऐसा लगा जैसे किसी टेलीविज़न की दुकान में एक साथ बहुत सारे समाचार चैनल चल पड़े हों – आधे किसानों के पक्ष में और आधे प्रायोजित विपक्ष में। कोयल बेचारी क्या करतीं – उन्होंने अपने सुर समेट लिए। खराब समय बहुत देर तक नहीं रहता। अब बगल वाले नीम के पेड़ पर पत्रकार पपीहे आ गए हैं। यह कोई नया राग है – राग झँझोटी में विलम्बित से चालू होकर द्रुत गति पर जा रहा

है। पत्रकार सोचते हैं वे समाज को झँझोड़कर अभिव्यक्ति का झंडा एवरेस्ट पर लहरा रहे हैं। आम आदमी समझता है – यह विज्ञापन नहीं मिलने की झुँझलाहट है, जो सरकारी टुकड़ा मिलते ही किसी ढाबे पर द्राक्ष आसव सेवन से शांत हो जाएगी।" रिंकू वनीय सौंदर्य से प्रफुल्लित, आनंद के सागर में हिल्लौरे लेता रहा।

रिंकू गाइड ने सैलानी को सोते से झकझोरा – देखिए साहब, एक झुंड पीली और काली चिड़ियों वाला है। यह ज़्यादातर सुबह के वक्त दिखाई पड़ती है। इसे किसी समृद्ध कॉलोनी के रहवासियों की तरह इंसान शायद ज़्यादा पसंद नहीं है। आँगन के आस-पास फटकती भी नहीं है। दूर मैदान के बगल वाले गुलमोहर पर जा बैठती है। गुलमोहर अभी ज़रा गुस्से में है – भक्क लाल, जैसे आग लगा रखी हो। लाल-लाल फूलों के ऊपर पीली-पीली चिड़िया बड़ा ग़ज़ब ढाती है। इसके बाहरी पंख चमकीले काले हैं। पहले के दिनों में इन सब चीज़ों की मालूमात बूढ़े बाबाओं से होती थी। अब बस गूगल बाबा हैं। पता चला कि इस चिड़िया का नाम सवर्ण पीलक है। इसे आरक्षण का लाभ नहीं मिला, इसलिए बेचारी दुबली-पतली है।

वो देखिए, गुलमोहर के पेड़ के ठीक नीचे से एक किशोर बालक तरबूज लिए चला आ रहा है। यह अंदर गुलमोहर की तरह ही लाल होगा। पड़ोसी भी निकल आए हैं। तरबूज के दाम सुनकर उन्होंने बालक को डाँट पिलाई कि वह भले लोगों को लूटने में लगा हुआ है। बालक की शर्ट बाँह से फटी हुई है और देखकर लगता नहीं कि वह शहरी बिल्डरों की तरह लूटपाट के पेशे में सलंग्न है। शहर में यही तरबूज दोगुने दाम में मिलता है। तरबूज लेने के भाव-ताव के लिए आपको उसके परमहितैषी पड़ोसी के खिसकने का इंतज़ार करना पड़ेगा।

अब सूरज सिर पर चढ़ रहा है। गुलमोहर वाली आग की तपिश फैलती जा रही है। ऐसे समय में तरबूज पर किसी तरह का रहम करना, खुद के साथ बड़ा अन्याय है। इसे ज़रा देर पानी में डालकर काटा जा रहा है। रसधार बहने लगी है। यह अलौकिक क्षण हैं। तरबूज अंदर से उतना ही लाल निकला, जितना सोचा गया था। यह कुदरत का बड़ा करिश्मा लगता है। ऐन गर्मियों के

दिनों में, जब धूप अमीर इंसानों के उद्दंड बच्चों की तरह सिर पर तांडव मचाती हो और इंसान को पानी की सबसे ज़्यादा ज़रूरत होती है – यह भारी-भरकम फल ढेर सारा मीठा-मीठा रस उड़ेल जाता है।

एक समझदार से दिखते पर्यटक ने बताया – कहने को तो यह फल है, पर मूल रूप से इसकी प्रजाति फूलों वाली है। अपने यहाँ का नहीं है। पश्चिमी अफ्रीका के जंगलों से आया है। नई दुनिया को रसीले तरबूजों की सौग़ात अफ्रीका के यूरोपीय औपनिवेशिक ग़ुलामों ने दी। बाज़ मौकों पर स्वार्थी इंसान अपनी नीचता से बाज नहीं आता। तरबूज जैसे रसीले फल को भी एक समय गुलामी के साथ जोड़कर देखा गया। संयुक्त राज्य अमेरिका में गृह-युद्ध के दौरान तरबूज काले लोगों द्वारा उगाए जाते थे, तो कथित सभ्य लोगों ने इसे काहिली, ग़ुलामी और अस्वच्छता के साथ जोड़कर प्रचारित किया। वैसे ही जैसे कोरोना के दिनों में ताकतवर लोगों द्वारा महामारी के प्रकोप को ग़रीबों, बेबसों और अल्पसंख्यकों पर मढ़ दिया जाता है। अपने मुल्क में यह 'बदनाम' फल सातवीं शताब्दी में आया और यहाँ से होता हुआ दसवीं सदी में चीन चला गया। चीन अब दुनिया में सबसे ज़्यादा तरबूज उगाता और सब जगह भेजता है – जैसे कहा जा रहा है कि महामारी भी इसी ने भेजी है।

रिंकु गाइड बताता जा रहा है – आदमी तरबूज खाते हुए यह तय नहीं कर पाता कि इसे खा रहा है या पी रहा है। थोड़ी देर को आँखें मूँद कर सोचता है कि आज यह तय करके ही रहूँगा। उसकी मुँदी आँखों का फ़ायदा गिलहरी उठा ले जाती है, जो गर्भ से है। बच्चों के प्रजनन के लिए वह उपयुक्त स्थान की तलाश में है और तिनके जोड़ रही है। घर के दरवाज़े में जाली और काँच के बीच की जगह उसे सुरक्षित लगती है। वह कामवाली बाई की तरह बार-बार यहीं फटक रही है और वह आदमी उसे भगाने में लगा हुआ है, भगाते हुए उसे बुरा भी लगता है। उसे सुरक्षित जगह चाहिए, पर उसे अपनी सुरक्षा भी चाहिए। घर के ऐन पीछे एक खूब मोटा और लंबा ज़हरीला साँप रहता है। यदा-कदा दिखाई पड़ जाता है। अभी पिछले ही दिनों पड़ोसी के यहाँ घुस आया था। बड़ी मुश्किल से भगाया था। गिलहरी ने बच्चे दिए, तो पीछे से

साँप भी आ सकता है। भरी गर्मी में भी जाली वाले दरवाज़े और खिड़कियों को हमेशा बंद रखना पड़ता है। गिलहरी के लिए एक कार्टन बक्सा बाहर दरवाज़े पर लटकाया था, पर उसे उसने नामालूम कारणों से खारिज कर दिया और जब भी मौका हाथ लग जाए, दरवाज़े से घुसने के फेर में होती है। बेचारी गिलहरी मध्यमवर्गीय सीमांत नागरिक की तरह अपनी ऊपरी आमदनी बढ़ाना चाहती है, परंतु आयकर विभाग के ज़हरीले साँप उसकी ऊपरी तो ऊपरी, जायज़ आमदनी पर भी गिद्ध दृष्टि गड़ाए रहते हैं।

रिंकु गाइड बोलता जा रहा है – वो देखो साहब, साँप ने केंचुली छोड़ दी है। कहते हैं कि केंचुली से कोई दवा बनती है, सो इसे गोंड ने सहेजकर रख लिया है। लंबाई में फैलाया तो साँप की लंबाई का अंदाज़ा भी लग गया। देह में झुरझुरी-सी उठ गई। केंचुली छोड़ने के बाद साँप की आयु बढ़ जाती है, जैसे दिल के ऑपरेशन के बाद दिल के रोगी की आयु बढ़ जाती है। अपनी हालत साँप-छछूँदर वाली है – जैसे साहित्यकार को समझ नहीं आता कि कालजयी साहित्य पढ़कर समाज की बेहतरी के लिए कुछ नया लिखे या कट-पेस्ट प्रतियोगिता की मैराथन से सम्मान बटोरने की जुगत में दौड़ता फिरे। इधर गिलहरी पर दया आती है और उधर साँप का भय सताता है। सुना है कि उधर महामारी की आड़ में शहर में बहुत से साँपों ने शर्म की केंचुली उतार दी और जनता को लूटने का मज़ा लेते रहे। सरकार उनसे चंदा लेकर उन्हें ही स्वास्थ्य रक्षक का सम्मान देने जा रही है।

शहरी सैलानी उबासी लेते बोला – अरे भाई, शेर दिखाओ, जिसके इतने सारे पैसे दिए हैं।

रिंकु गाइड ने जवाब दिया – धीरज रखिए साहब, शेर भी दिखेगा। अब शेर कोई गब्बर सिंह तो है नहीं, जिसे जय-वीरू पकड़कर पैरों से कुचलने के लिए हथकटे ठाकुर के हवाले कर दें, और गब्बर, जिसका ख़ौफ़ पचास-पचास कोस तक फैला हो – वह डायरेक्टर के कहने पर ठाकुर के सामने मिमियाता हुआ निरीह निगाहों से दया की भीख माँगे! साहब, वो शेर है शेर – आसानी से थोड़े दिखेगा। मर जाएगा, लेकिन नेता की तरह वी.आई.पी. रुतबे की कांचली नहीं उतारेगा।

रिंकु गाइड थोड़ा आगे चलकर बोला – साहब देखिए, वो उस पीपल के पेड़ पर लगे मधुमक्खी के छत्ते से शहद टपक रही है, जैसे वल्लभ भवन की ऊँची छतों से रिश्वत की बूँदें टपक कर मंत्री से संतरी और चीफ़ से चपरासी के मुँह में लपलपाती स्पंज जीभ पर विलीन हो जाती हैं।

यह सुनते ही भोपाली सैलानी की भृकुटी तन गई, उसने तिरछा होकर नाश्ते के बाद से पेट में फँसी गैस को जंगल की हवा में ऐसा छोड़ा जैसे कौआ पेड़ पर बैठकर मंदिर के गेरुआ गुम्बद को सफ़ेद बीट से मॉडर्न आर्ट की कलाकृति में बदल देता है।

जिप्सी देनवा किनारे की तरफ़ गहराई में उतरने लगी। थोड़ी दूर चलकर चालक ने गाड़ी रोक दी। रिंकु गाइड ने मुँह पर उँगली रखकर सैलानियों को चुप रहने का इशारा किया और फुसफुसाते हुए बोला – "देखिए, शेर।" सबने उसके इशारे की तरफ़ देखा।

एक सैलानी ने पूछा – इस शेर का क्या नाम है?

रिंकु गाइड ने बताया – यह पप्पू शेर है। अभी इस छावा के दूध के दाँत नहीं टूटे हैं। जब देखो तब मम्मी से दूध माँगता है, लेकिन ख़ूँख़ार राजनीतिक भेड़ियों से भरे सभ्य जंगल में शिकार करना नहीं सीखता। जंगल छोड़कर वनविहार जाने की ज़िद करता है, जहाँ उसे शायद बाप-दादी द्वारा छोड़ा शहंशाह का पद सोने की तश्तरी पर चाँदी के वर्क में लिपटा रखा मिले।

उसी समय देनवा के उस पार से एक शेर की दहाड़ मन की बात की तरह सुनाई दी। सैलानियों ने जानना चाहा – "यह दहाड़ किसकी है?"

रिंकु गाइड बोला – साहबान, ये जुमलेबाज़ फेंकू शेर है। बुढ़ऊ बस दहाड़ता है, दूसरों के शिकार पर गुज़ारा करता है। जंगल में उल्टे-सीधे क़ानून लागू करता है, हिरणों को दो भाग में बाँट कर लड़वाता है और घायल जानवरों की लाशों पर शेखी बघारता है। जंगल में बीमारी फैलने पर ताली बजवाता है। आजकल इसी की चल रही है। जब कोई शिकारी इसका शिकार करने आता है तो यह उनको जंगल-द्रोही बताकर हवा का रुख़ बदल देता है। ज़ोर-ज़ोर से 'संकट मोचन नेहरू' जाप करके शिकार होने से बचता रहा है।

भोपाली सैलानी ने रिंकु से पूछा – क्यों, तुम भोपाल आना चाहोगे? यहाँ जंगल में भटकते रहते हो।

उसने यह कहते हुए रिंकु को विज़िटिंग कार्ड पकड़ा दिया। कार्ड पर लिखा था – "यादवेंद्र सिंह, प्रबंधक, वन प्रबंध संस्थान, भोपाल।"

रिंकु खुश होकर बोला – अरे वाह साहिब, आप तो जंगली निकले!

सैलानी – क्या मतलब?

रिंकु – सर, मेरा मतलब वो नहीं है... मुझे जंगल से प्यार है। आप यहीं बंगला बनाकर बस जाइए साहिब, आपकी सेवा करेंगे।

सैलानी – अरे, यहाँ क्या करेंगे? वहाँ वातानुकूलित बंगला है, कुत्ते हैं।

रिंकु – साहिब, हमारे लिए तो यही स्वर्ग है। नदी है, पेड़ हैं, पौधे हैं, झरने हैं, सैकड़ों प्रकार के जानवर हैं। हर मौसम का अलग मज़ा है। वातानुकूलित में तो सारे दिन एक से होते हैं।

सैलानी – ये सब तो टेलीविज़न पर देख लेते हैं।

रिंकु – फिर भी साहिब, असल तो असल ही होता है। मुझे तो जंगल अधिक सभ्य लगता है।

तब तक शाम ढलने लगी थी। जंगल का नियम है कि हर ताक़तवर जानवर कमज़ोर प्राणी को हज़म कर जाता है। यह नियम जंगल में पूरी सच्चाई से लागू होता है, परंतु आदमियों के निष्ठुर समाज में सच्चाई-बेइमानी का कुछ पता ही नहीं चलता है – कौन कब सच्चा है और कब झूठा। जानवर यदि शिकार कर रहा है, तो पूरी जानकारी और चेतावनी के साथ। आदमी शिकार करता है, परंतु न तो चेतावनी देता, न सँभलने का मौक़ा और न ही कभी अहसास होने देता कि वह हमला करने वाला है। आदमी की लालची महत्वाकांक्षा का जंगल असभ्य हो गया है। सैलानी "सभ्य जंगल की सैर" करके कांक्रीट के असभ्य जंगल में तब्दील होते भोपाल लौट गया।

5

छिद्दी का बकरी लोन

एक नौसिखिया लेखक एक बार व्यंग्य लिखने बैठा तो उसके दिमाग़ का "व्यंग्य सॉफ़्टवेयर" करप्ट हो गया। उसने प्रसिद्ध व्यंग्यकार परसाई जी को अगरबत्ती लगाई, भभूत माथे पर रगड़ी, तो उसे व्यंग्य लिखने की सुरसुरी मिलने लगी। लिखते-लिखते वह व्यंग्यात्मक कथा लिख गया।

सरकारी बैंकों में चार प्रकार के कार्मिक होते हैं –

1. कामचोर
2. कामचोर और व्यवहार-कुशल
3. समर्पित
4. समर्पित और कार्यकुशल

एक कुशल प्रशासक का प्रयास रहता है कि पहले तीन प्रकारों को "समर्पित और कार्यकुशल" बनाकर जनता की सेवा में लगाए। बाक़ी तीनों प्रकार के कार्मिक उसे अपने जैसा बनाना चाहते हैं। रस्साकशी प्रतिस्पर्धा हमेशा चलती रहती है। यह दास्तान एक बैंक अफ़सर की है। वह किस श्रेणी का है – इस गुत्थी को पाठक को सुलझाना है।

बैंक के फ़ील्ड ऑफ़िसर रामाधार, बैंक के भोपाल स्थित प्रशिक्षण केंद्र में ऋण देने की तकनीक अच्छी तरह सीखने आए थे। वे नाम के ही रामाधार नहीं थे – उनके वास्ते सचमुच राम नाम का आधार जीवन की हर मुश्किल

को आसान कर देता था। उनके सबसे बड़े जीजा, राम शरण, बैंक के क्षेत्रीय प्रबंधक थे। जिनके रहते रामाधार को बैंक की नौकरी, स्थानांतरण और पदोन्नति में किसी दिक़्क़त का सामना नहीं करना पड़ता था।

उनके अंदर का पौराणिक ज्ञान तीसरे पैग की पहली चुस्की से बहने लगा। चिकन की बोटियों ने तामस ज्ञान की खिड़कियाँ खोल दीं।

प्रवचन शुरू हुआ –

"रावण ने नौ ग्रहों सहित शनि को भी बंदी बना कर रखा था। वह शनि को दरबार में आसन के सामने, अपने पैरों के नीचे, पेट के बल लिटा कर उसके ऊपर पैर रखकर बैठता था। एक दिन शनि ने कहा – महाराज, समीक्षा बैठक बहुत लंबी खिंच रही है, मेरी पीठ में दर्द होने लगा है। मुझे चित लिटाकर आप मेरी छाती पर पैर रखकर बैठ जाइए। मैं आपके दैदीप्यमान मुखारविंद के दर्शन भी करता रहूँगा और पावरपॉइंट प्रेजेंटेशन से ज्ञानवर्धन भी करता रहूँगा। रावण की छाती गर्व से फूल गई और वह शनि को चित लिटा, उसकी छाती पर पैर रखकर समीक्षा दरबार लगाने लगा। परिणाम यह हुआ कि शनि की वक्र दृष्टि रावण के मुँह पर पड़ने लगी। वही काम रावण के पतन का मुख्य कारण बन गया। उसी कारण विष्णु जी को अवतार लेकर मृत्युलोक में आना पड़ा।

इसलिए कोई भी काम करने के पहले सौ बार सोचना चाहिए। काम की महिमा अपरम्पार है – सबसे बढ़िया तो यही है कि काम में हाथ ही न डालो। न काम करोगे औरन काम करोगे और न गलती होगी। जो काम करेंगे उनसे गलती होगी, वे फँसे रहेंगे और तुम पदोन्नति पा जाओगे।"

सात्विक किचन के अंदर से क्षेत्रीय प्रबंधिका कर्कश स्वर में चिल्लाईं – "मेरे भाई को बिगाड़ कर ही दम लोगे। इसे बचपन में चरणामृत पीते समय ठसका लग जाता था। इसलिए बाबू जी इसे आख़िरी चम्मच चटवाकर चरणामृत पीने का रिवाज पूरा करवाते थे। और तुमने इसे ये ज़हर पिलाना सिखा दिया। कहते हो, आगे बढ़ने के लिए बड़े अफ़सरों की महफ़िलों में शिरकत ज़रूरी रस्म है!"

जीजा जी चिल्ला कर बोले – "अरे भागवान, इंद्र की महफ़िल में बैठना है तो सोमरस पान आवश्यक होता है, इतना भी नहीं समझती क्या?" थोड़ी

देर में टेबल पर भोजन की थालियाँ लगकर आ गईं। मैडम बोलीं – "अब ज़हर की बोतल इधर दे दो।" पति ने थोड़ा घूरकर देखा, तो वे आँखें तरेर कर चली गईं। जिसका मतलब था कि पंडिताइन अगली बार जब आएँगी तो बिना पूछे बोतल अपनी सुपुर्दगी में ले लेंगी।

जीजा-साले एक-दूसरे को देखने लगे कि यार, अभी तो तीन पैग पर बैटिंग चल रही है, कम से कम पाँच ओवर तो खेलना ही था। जीजा को गाँव के पत्तल भोज का अनुभव था – जिसमें खूब सारे भात के बीच गहरा गड्ढा बनाकर उसमें पतली दाल परसी जाती थी। जीजा ने हलुए का कटोरा उठाकर हलुए के बीच में घेरा बनाया। साले साहब से घेरे में आराम से दो पैग डलवाकर पंडिताइन को बुलाकर बोतल हवाले कर दी। टार्गेट तो पूरे करने ही पड़ते हैं।

पंडिताइन ने जाते-जाते जीजा को बाँकी चितवन से देखा। जीजा समझ गए कि आज कुछ मूड बनता दिख रहा है। उन्हें लगा आज उनकी जन्मपत्रिका में सुरा-सुंदरी योग है। जल्दी-जल्दी भोजन की रस्म पूरी करके, साले साहब को गले लगाकर विदा किया। जीजा जी ने चलते-चलते साले जी के कान में मक्खन मंत्र फूँका – "बड़े साहब और संघ के बड़े भाई का ध्यान रखा करो। सेवा में कोई कमी नहीं रहना चाहिए।"

साले साहब बोले – "यार! जीजा, आप क्षेत्रीय प्रबंधक होकर भी इन लोगों से डरते हो क्या?"

जीजा ने प्यार से साले को समझाया "कभी-कभी घास का एक तिनका आँख की किरकिरी बन जाता है। तुम्हें स्मरण नहीं है क्या, गुरु द्रोणाचार्य के आदिवासी शिष्य एकलव्य ने भौंकते कुकुर का मुँह बंद करने के लिए उसका मुँह तीरों से नहीं भर दिया था, उसी कारण उसे अपना अँगूठा गंवाना पड़ा था। प्रशासन के भी कुछ व्यवहारिक पेंच होते हैं।"

साले साहब की ट्रेन रात ग्यारह बजे थी। वे सीधे मनोहर डेरी पहुँचे। वहाँ से दो डिब्बों में एक-एक किलो काजू कतली और ड्राई फ्रूट बर्फ़ी रखवा, डिब्बों पर उपहार टिपकी लगा एक पर लिखा "बड़े साहब" दूसरे पर "बड़े भाई"। डिब्बों को दो बड़ी पोलीथीन में लटका देवानंद स्टाइल में लहराते हुए ट्रेन पकड़ने चल दिए।

ऑटो से हबीबगंज स्टेशन पर उतर कर एक बढ़िया मीठा पत्ता पान क़िमाम डलवाकर मुँह में दबाया। पान के ठेले पर "पान खाएँ सैंयाँ हमारे, साँवली सूरतियाँ ओंठ लाल-लाल" सुनकर उन्होंने अपनी सूरत आईने में देखी। पान की पीक निगलते ही वे हवा में उड़ने लगे। उड़ते-उड़ते ही वातानुकूलित डिब्बे की गद्देदार बर्थ पर बिना चादर बिछाए ही ढेर हो गए। उनकी नींद सीधी सुबह खुली।

रामाधार सुबह पाँच बजे ट्रेन से मदन महल स्टेशन उतरकर ऑटो से घर पहुँचे। पत्नी खुश होकर दरवाज़ा खोल आलिंगनबद्ध होने को सटीं, तभी रामाधार जी बोले – "ये सूटकेस रखो, हम आते हैं।" उन्हें डर था कि कहीं मिठाई के डब्बे खुल गए तो कंजूस बाप की बेटी द्वारा आधा माल रेलवे गोदाम से अटे फ्रिज में चला जाएगा और आधा माल दिवाली की मिठाई के पड़े पुराने डिब्बों में रखकर भेजेगी।

रामाधार पहले सीधे बड़े साहब की चौखट पर पहुँचे। सुबह-सुबह उनके शाखा प्रबंधक हिम्मत सिंह ठाकुर साहब बगीचे में पानी दे रहे थे। निवास पर काजू कतली और ड्राय फ्रूट बर्फ़ी की मिठाई की ख़ुशबू सूँघ कर उनकी बाँछें खिल गईं। उन्होंने सटक फेंक कर रामाधार का स्वागत किया। रामाधार ने उनके चरण स्पर्श किए। डिब्बा उन्हें देकर वे दूसरी, स्थानापन्न सत्ता के दरबार में पहुँचे। बड़े भाई झूले पर अख़बार लिए कुछ देख रहे थे – पढ़ना उनके वश की बात नहीं थी। रामाधार उनके चरण स्पर्श को झुके तो उन्होंने कहा – "बड़े हो, पैर नहीं पड़ा करो," लेकिन उन्होंने रोका भी नहीं।

रामाधार भेंट अर्पित करके अपने घर पहुँचे। बच्चे सो रहे थे। उन्होंने पंडिताइन को जी भरकर गले लगाया। न्यू मार्केट से सहूलियत के हिसाब से एक ढीला-सा गाउन लाए थे – अपने हाथों से पहनाया। नहा-धोकर पूजा और पेटपूजा निपटा कर बैंक पहुँच गए।

रामाधार जी प्रशिक्षित होकर जैसे ही बैंक पहुँचे, शाखा प्रबंधक ने उन्हें उसी दिन नज़दीक की एक शाखा में प्रतिनियुक्ति पर, बतौर शाखा प्रबंधक, भेज दिया। वे बेचारे फ़ील्ड ऑफ़िसर का काम कर ही नहीं पाते थे। महीने में दस–पंद्रह दिन आसपास की शाखाओं में प्रतिनियुक्ति या क्षेत्रीय कार्यालय

जाना पड़ता था। बाकी दिन प्रतिनियुक्ति देयक, चिकित्सा-देयक बनाने और स्वीकृत कराने में निकल जाते थे।

बड़ी मुश्किल से एक दिन फ़ील्ड ऑफ़िसर की गद्दी पर विराजमान हुए। बैठते ही एक बुज़ुर्ग लाठी टेकते हुए उनके कमरे में दाख़िल हुए।

रामाधार जी ने पूछा:

“दद्दा, का काम है?”

“हुज़ूर, छिरिया काजे लोन चइए।”

“का कर हो छिरियन को?”

“हुज़ूर, दूध लगा के बेंच हैं।”

“कित्ती छिरिया चाही?”

“हुज़ूर, चार मिल जाएं।”

“अच्छा, नाम बताओ।”

“हुज़ूर, छिरियन को नाव नहीं होय।”

“छिरियन को नहीं, अपनो बताओ।”

“छिद्दी।”

“पूरा नाम?”

“हुज़ूर, इत्तई है – छिद्दी।”

“इत्ते में काम नहीं चलेगा, बड़ो नाम बताओ।”

“हुज़ूर, बड़े कक्का बतात थे – हमरो नाम ‘क’ और ‘छ’ से निकल रहो थो। पंडित जी पहले पूरा नाम ‘कंछेदी लाल’ रख रहे थे।”

“अब जे... जे बड़े कक्का कौन हैं?”

“हुज़ूर, हमरे बाप पाँच भैया थे। हमरे बाप बीच के थे – उनसे दो बड़े और दो छोटे भैया थे। सबसे छोटे ‘बहुतई छोटे कक्का’, उनसे बड़े ‘छोटे कक्का’, और सबसे बड़े ‘बहुतई बड़े कक्का’। उनसे छोटे और हमरे बाप से बड़े ‘बड़े कक्का’ कहात थे।”

"अरे छोटे बड़े का बतिया रहे। हमरे समझ में कछु नहीं आ रओ, सीधो-सीधो बताओ।"

"हुज़ूर, समझें, अर्जुन... बीच को हमरो बाप, और भीम बड़े कक्का, युधिष्ठिर सबसे बड़े कक्का, नकुल छोटे कक्का, सहदेव सबसे छोटे कक्का भए। मनो द्रोपदी कहलाती नहीं, सबकी अलग-अलग लुगाई थीं। "क" से शुरू होवे वारे कुंती, कृष्ण, कर्ण कला जित्तो करवांय सो कम है। एक द्रोपदी पाँच में बाँट दई। द्रोपदी नै भई छिरिया हो गई।"

"हूँ, फिर का भओ।"

"बड़े कक्का बतात थे। जब नाम रखवे की बेर आई तो पंडित जी ने पत्ता देख के नाम सुझाओ 'कंछेदी लाल'। पंडित जी ने हमरे बाप से पत्ता पै दक्षिणा रखवे की कही। उनके पास पाँच रुपैया थे, उनने रख दए। पंडित जी ने घूर के हमरे बाप को देखो और बोले -जाको नाम छ से भी निकल रहो है "छिद्दी", जा नाम में अच्छी ग्रह दशा बन रही है।"

"बड़े कक्का कहत थे, बीस रुपैया में 'कंछेदी लाल' मिल रहो थो, दस रुपैया में 'छेदी लाल', मनो हमरे बाप के पास निकले पाँच रुपैया, तो जो 'छिद्दी' मिलो, अब जो ही है। हुज़ूर, छिरियों काजे लोन मिल जाए तो ग्रह दशा सुधर जाये।"

"छिद्दी नाम से तुमरी जात को पता नहीं चलै,

कौन जात हो?"

"हुज़ूर, हम आदिवासी गोंड कहाए।"

रामाधार ने छिद्दी को ध्यान से देखकर पूछा-

"अरे, तुम तो गोरे हो, गोंड तो काले होत हैं।"

छिद्दी चुप रहा।

रामाधार बोले- "काय, तुम गोरे गोंड कैसे?"

छिद्दी थोड़ी देर चुप रहा, फिर रामाधार के कृष्ण मुख को देखकर बोला- "हुज़ूर, लोगों की भली चलाई, वे तो कछु भी बकत हैं, कहत हैं -

करिया बांमन गोरो गोंड़, जिनकी मन की जाने कौन।

मनो, हमरे मन में खोट नहीं है,

हम लोन पटा देहें।"

रामाधार जी ने छिद्दी को अगले बाज़ार के दिन बुलाया। इस बीच उन्होंने प्रशिक्षण में मिली फ़ाइल से आर्थिक रूप से व्यवहार्य और तकनीकी रूप से सक्षम बकरी पालन योजना का अध्ययन कर लिया। छिद्दी अगले बाज़ार फिर आ गया। आवेदन का तकनीकी पक्ष जाँचा जाने लगा -

"दद्दा, जा बताओ, बकरी की औसत लम्बाई और पेट पर से गोलाई कित्ती सेंटीमीटर होत है।"

"हुज़ूर, ऐसी तो कभी कोई ने नापी नहीं, मनों लम्बाई दस-बारह बित्ता होत हुए और गुलाई तो लुगाई...? धत्त... बकरी की खिलाई और ग्याबन के हिसाब से बनत-बिगड़त रहत है। जैसे दूज के चाँद से पूनो के चाँद फिर अमावस से धुप्प अंधेरो तक चंदा बाई की गुलाई घटत-बढ़त रहत है।"

"चंदा बाई कौन है?"

"हुज़ूर, हमरे गाँव की कलारन है।"

"वा में का ख़ासियत है?"

"हुज़ूर रहीम बब्बा कह गए हैं :

रहिमन नीच संग बसे, लगत कलंक न काहु।
दूध कलारन हाथ लखे, सब समझें मद ताहु॥

चंदा बाई पूनो कै खूबई मस्त दिखत है। मनो अमावस पै ढीली पड़ जात है।"

"दद्दा, तुम बहक जात हो।"

"हुज़ूर ने गुलाई-मुटाई की पूछी, सो हमने बताई।"

रामाधार जी प्रशिक्षण की फ़ाइल खोल के पढ़ने लगे –

"बकरियाँ जुगाली करने वाली होती हैं। उनके पास एक चार-कक्षीय पेट होता है, जिसमें रुमेन, रेटिकुलम, ओमासम और एबॉमासम शामिल होते

हैं। अन्य मवेशियों के विपरीत, जिनमें चार चूचे होते हैं, बकरियों के एक थन में दो निप्पल होते हैं। इसका अपवाद बोअर बकरी है, जिसमें कभी-कभी आठ निप्पल तक हो सकते हैं।"

उन्होंने पूछा –

"अच्छा जा बताव, बकरी के थन कित्ते होत हैं?"

"हुज़ूर, हमने तो दो थन बाली देखी हैं।"

"थनों की लम्बाई कित्ती।"

"सीधे हाथ की बीच की ऊँगली बराबर, मनो दुहवे पर फूल कै लम्बे और मोटे हो जात हैं।"

"थन के छेद से दूध निकरत है, बाको व्यास कित्तो....!"

"हुज़ूर, जो का होत है हमें नहीं पता। व्यास जी ने महाभारत लिखी थी। इत्तो पता है।"

"वे व्यास नहीं रे, छेद की गुलाई, चल रहन दे।"

"अच्छा जे बताओ, बकरी दूध नहीं उतार रही तो का करत हो।"

"हुज़ूर, बाक़ी खिलाई-पिलाई अच्छी होनी चाहिए। फिर भी दूध रोक रही है तो बाके बच्चा को थोड़ी देर चुसवा दो तो दूध आन लगत है।"

"और बच्चा नहीं है तो?"

"हुज़ूर हाथ से बाके थन सहला, फ़ैन निकार थनों में पोत कै हुद्दा मार के मसलो तो छिरिया दूध छोड़ देत है।"

"दूध बेंच हो, कै घर में पी जेहो।"

"बेंच हैं, तबई लोन पटाहें।"

"मार कै तो नै खा जेहों, छिरियों को।"

"हुज़ूर, हम नहीं खाँय, वे मुसट्टा खात हैं।"

"कित्ते मुसट्टा हैं तुमरे गाँव में?"

"दस घर के।"

"ठीक से रहत हैं?"

"हुज़ूर, जब से सिंधी ने भीड़ लै जा के बाबरी मस्जिद तोड़ी, और अब सुनत हैं कोई तेली मंदिर बनवा रहो है, तब से बिल्कुल गऊ हो गए हैं – और अब गऊ मार के भी नहीं खाँय। तबई से सरपंच जी के कहने पर हम कमल पे ठप्पा लगान लगे। वे औरे कहत हैं कि गांधी बब्बा सब उल्टो-सीधो कर गए हैं। कहत हैं सतयुग आ रहो है। हुज़ूर, हमें तो छिरियाँ मिल जाएँ, सो हमारो सतयुग आओ समझो।"

"जा बताओ, तुम्हारे बच्चे कितने हैं?"

"हुज़ूर, सात भए पाँच मोड़ा-दो मोडियाँ, फिर लुगाई जचकी में कढ़ गई।"

"दूसरी नहीं लाए।"

"हुज़ूर, अब नै बदहै, कमर पिरान लगी।"

"काय, वे औरन तो चार-चार रखे हैं।"

"हुज़ूर, उनकी भली चलाई, वे मुसट्टा ठहरे। वे कभु भी रख लेत हैं और कभु भी तलाक़ कह कै भगा देत हैं। उनकी भली चलाई।"

"मनो, अब सुनी है कै वे भी एकदम से तलाक़ कह कै नहीं भगा पा रहे। मनो सब कहत फिरत हैं, फिर भी वे चार-चार तो रखे हैं।"

"तुमरे गाँव में हैं कोई की चार... !"

"हुज़ूर, आप भी लगाए हो, एक तो संभल नहीं रही चार कहाँ से रख हैं। अबकी लुगाइएँ भी जबर होन लगी हैं। हुज़ूर, अब तो लुगाइएँ भी छड़ी होन लगीं, ब्याव नहीं करें, दो-तीन से लगी रहत हैं। बड़ो कलजुग आ गओ।"

"मनो हुज़ूर हमें छिरिया मिल जाएँ तो हमरो सतयुग आ गओ समझो।"

"अच्छा ठीक है अगले बाज़ार आना।"

उसके बाद रामाधार अन्य शाखाओं में प्रतिनियुक्ति पर जाते रहे। बुजुर्ग लगातार तीन बाज़ार के दिन आता रहा। चौथे बाज़ार के दिन उसे रामाधार मिल गये। रामाधार बोले -

"काय दद्दा अब आए हो, इत्ते दिना बाद?"

"हुज़ूर, हम आए थे, हुज़ूर नै दिखे तो लौट जात थे।"

"तो ठीक है, अब दो महीना बाद आओ।"

"जैसी हुज़ूर की मर्ज़ी।"

दो महीने बाद भी छिद्दी को रामाधार नहीं मिले। छिद्दी शाखा प्रबंधक से मिला, जिन्होंने उसे बताया कि बकरी पालन योजना तकनीकी रूप से कार्यसक्षम और आर्थिक रूप से व्यवहार्य नहीं है। गाँव में एक वर्ग विशेष के घर अधिक होने से प्राथमिक प्रतिभूति – यानी बकरी – सुरक्षित नहीं रहेगी। इसलिए ऋण मंज़ूर नहीं किया जा सकता।

रामाधार जी पदोन्नत होकर शाखा प्रबंधक बन गए और एक बड़ी शाखा में सिंचाई तथा ट्रैक्टर के बड़े ऋण मंज़ूर करने लगे। वहाँ ट्रैक्टर डीलर के नौकर, उनके फ़ील्ड ऑफ़िसर के साथ ढाबे पर सफ़ेद लिफ़ाफ़ों के साये में, बड़े ऋणों की आर्थिक व्यवहार्यता और तकनीकी कार्य-सक्षमता निर्धारित कर ट्रैक्टर किसान को देकर भुगतान बैंक से ले जाते थे।

कृषि प्राथमिक सेक्टर है – खाद्यान्न के उत्पादन में वृद्धि से औद्योगिक माँग बढ़ी, जिससे सकल घरेलू उत्पाद (GDP) तेज़ी से बढ़ने लगा, और शेयर बाज़ार साँड़ पर सवार होकर उछलने लगा। शहरों में गगनचुंबी इमारतें बनने लगीं।

छिद्दी को छिरियाँ नहीं मिलीं। वह भोपाल आकर इमारतों के निर्माण कार्य में मजूरी करने लगा। जब भी उसे बकरियों की याद आती, तो वह पुराने भोपाल के मुसट्टों से भरे बकरा मार्केट में मन बहलाने पहुँच जाता।

जय हिंद।

6

व्यंगमय सब जग जानी

बहुत दिनों से व्यंग्य लिखने की इच्छा हो रही थी लेकिन सुरसुरी नहीं मिल रही थी। सुबह नींद खुली तो विचार आया कि आज व्यंग्य लिखेंगे। व्यंग्य कोई दूध का पैकेट तो है नहीं, दौड़कर गए और अमूल के टपरे से उठा लाए। व्यंग्य लिखना तो एक साधना है। साधना से शर्मिला याद आ गई। व्यंग्य भी शर्मीला भी हो सकता है। व्यंग्य कैसा भी हो, मगर कुछ भी लिखना बड़ा कठिन काम है। सोचते-सोचते दार्शनिक विचार आने लगे।

आदमी भी न ग़ज़ब का प्राणी है। बचपन में जल्दी बड़ा होना चाहता है। जवानी में कुछ सोच ही नहीं पाता और जब बाल सफेद होकर बुढ़ापे की आमद की सूचना देते हैं। तब फिर बच्चा होने लगता है। बचपने पर उतारू होने लगता है। लड़कियों के साथ ऐसा नहीं है, उन्हें तो पैदा होते ही बूढ़ी माँ बनना सिखाया जाता है। आजकल की बीबियाँ हसबैंड को "बेबी" बुलाती हैं। भले ही चालीस साल का हो गया हो।

बुढ़ापे में बड़ी दिक़्क़त है भाई, कभी घुटनों में दर्द, कभी कंधों में पीड़ा, कभी सूखी पीठ में खुजली और कभी पेट में गैस की गुड़गुड़। फिर भी शाम होते ही चटपटी चीजें खाने का बहुत मन करता है। भले ही रात दो बजे सीने में जलन से राहत पाने डाइजिन की एक गोली या ग्लूकोज़ के दो बिस्कुट खा पानी पीकर थोड़ी देर ऊँघते बैठ कर किसी रूठी माशूका की तरह नींद की चिरोरी करनी पड़े। भले ही सुबह बाथरूम में जाकर आधा घंटा ज़ोर लगाकर

इंतज़ार करना पड़े - अब आ रही है... अब आ रही है। लेकिन हम चटोरे बुड्ढे आदत से बाज़ नहीं आते।

व्हाटसएप पर एक स्वयंभू विद्वान ने बक़ौल बाबा मशविरा दिया कि सुबह उठकर पतंजलि गरम पानी पिया करो। बाबा के कहने से सुबह उठते ही दो गिलास गरम पानी पिया कि शायद ठीक से हाजत उठे और एक बार में हल्के होने का जवानी का सुख बुढ़ापे में नसीब होकर पेट अंदर दिखे और सठियाए बुड्ढे को स्किन टाइट जींस पहनी महबूबा मिल जाए। जो आपसे मोबाइल रिचार्ज करवा कर एक सीमा से आगे नहीं बढ़ने देती लेकिन साथ समय गुज़ारने का मज़ा खूब देती है।

बाबा भी ग़ज़ब का आइटम संत है। फ़िल्मी हीरोईन को योग सिखाते-सिखाते डेढ़ आँख से घूरता रहता है। भ्रष्टाचार हटाते-हटाते सलवार-कुर्ती पहन रामलीला मैदान से भागकर अंतर्ध्यान हो जाता है। पतंजलि की तरह इनके बाप का भी पता नहीं चलता। पतंजलि के जन्म के विषय में ऐसी मान्यता है कि वे नाग की कृपा से अपनी माता गोणिका के अंजुली के जल के सहारे धरती पर टपके थे। माता के अंजुली से पतन होने के कारण उनका नाम पतंजलि रखा गया। उनको शेषनाग का अवतार माना जाता है। उन्ही ऋषि पतंजलि से सम्बंध जोड़कर साँपनाथ रामदेव ने लम्बी प्रॉडक्ट रेंज खड़ी की है।

हमने पतंजलि गरम पानी पीते-पीते मोबाइल खोल लिया। साहित्यकार पटल खुला पड़ा था। किसी की कविता पर नोकझोंक हो रही थी। गरम पानी पीकर पहलू बदल कर बैठे तो पेट में रात भर की फँसी गैस रास्ता पाकर खुले आसमान में सैर को निकल गई। हाजत का गुब्बारा दीवार पर चिपकाए बलूनों की तरह ढीला पढ़कर निराश हो गया। फ़ारिग होने की तमन्ना उतरते शेयर बाज़ार सी ठंडी पड़ गई।

अचानक व्यंग्य लिखने की हूक उठी। परसाई जी ने कहा था कि व्यंग्य लिखते समय आर्थिक हालत तंग होनी चाहिए, तभी सरकार को गालियाँ निकलती हैं। बैंक की पेंशन से अपनी हालत तंग नहीं है। सोचा, कुछ तो तंग होना चाहिए, तभी व्यंग्य फूटेगा। तुरंत उठकर अलमारी खोलकर पाँच

साल पुरानी चड्डी-बनियान निकालीं। उनमें हल्के से छेद हो गए थे, इसलिए मौक़ा-वक्त के लिए ऐसी जगह रखी थीं, जहाँ आसानी से मिल जाएँ। उन्हें पहनकर देखा – अच्छी-खासी तंग हो रही थीं। तंग कपड़े पहनने से आदमी थोड़ा तगड़ा और अकड़ा सा दिखता है। सोचा, अब परसाई फ़ॉर्मूला के नकली अकड़ से असल व्यंग्य पर पकड़ बनेगी। तभी हाजत ने दस्तक दी, और पुरानी चड्डी उतारकर भागे। फिर गैस निकली – लौटकर राहत मिली।

मोबाइल पर अंगुली चलाने ही वाले थे कि पत्नी चाय लेकर चली आईं। मोबाइल हाथ में देखकर मूसलाधार शुरू हो गईं – "हो गए शुरू! जब से रिटायर हुए हैं जनाब, मोबाइल से साथ सात फेरे ले लिए हैं। जैसे मुसलमान हर तीन साल में नई लुगाई ले आते हैं, आप नया मोबाइल ख़रीद लाते हैं। उसी के साथ सोते हैं और उसी के साथ उठते हैं। उसी के साथ खाते हैं और उसी के साथ पीते हैं। उसी के साथ हँसते हैं और उसी के साथ रोते हैं। तुम्हारा पूरा अस्तित्व मोबाइलमय हो गया है। किसी ने व्हाट्सएप और फ़ेसबुक पर झिड़क दिया तो उनका ग़ुस्सा हम पर उतारते हैं। नेताओं की जंग में लहूलुहान होकर निढाल पड़े रहते हैं, फिर दोस्त के साथ घंटों बतिया कर कुंठा की मैली चादर फींच-फींच कर धोते हैं। मुआ वॉशिंग पाउडर का डब्बा पूरा ख़ाली हो जाता है। मोबाइल पर पेट साफ़ करने की दवाइयाँ खोजते और खाते हैं। मोबाइल पर रामबाण इलाज, और मोबाइल पर 'चट हज़म' चूर्ण। मोबाइल पर धर्म-दर्शन प्रवचन – कुछ नहीं तो 'गुड मॉर्निंग' और 'गुड नाइट' में ही पूरा दिन निकाल देते हैं। अब फ़ोटो की क्या कहें – गधों की फ़ोटो भी वन में पंख फैला कर नाचते-नाचते मोर जैसी दिखती हैं। काली-कुबड़ी लुगाइयों की फ़ोटो भी मधुबाला जैसी उतरने लगी हैं – उन पर 'awesome' का टैग लगाने में दो-दो घंटे गुज़ार देते हैं। हे भगवान, इनका ये मोबाइल! आज प्रेमचंद होते तो उनकी 'ईदगाह' कहानी का हामिद दादी को चिमटे की जगह हथौड़ा लाकर देता, और उसकी दादी हामिद की बलैयाँ लेती, और हथौड़े को तिलक लगाकर घर के पुराने मोबाइल फोड़ती।"

हम उनके व्यंग वाण सीने पर लिए भीष्म पितामह की तरह सरसैया पर लेट गए। व्यंग के जो थोड़े बहुत बादल दिमाग़ में छाना शुरू हुए थे छितरा कर बिखर गए। दो पुराने बिस्कुट के साथ चाय गले के नीचे उतारी ही थी।

महारानी गरजी- “तुम जा रहे हो कि मैं जाऊँ।” मन व्यंग की झाड़ियों में उलझा था। तुरंत चेत गया। ये महारानी यहाँ घुस गईं तो हमें ऊपर के माले पर जाना पड़ेगा। पत्नी से बिना बताये दौड़कर बाथरूम में घुस गए। तब तक रामदेव बाबा का पतंजलि गरम पानी, गरम चाय और व्यंग लिखने का तनाव काम कर चुका था। दिमाग़ में उमड़ता व्यंग का विचार एक झटके में फ़्लश के साथ सेप्टिक टैंक की नज़र हो गया। बाहर आकर आइने के सामने खड़े हुए, तो देखा पुरानी चड्डी-बनियान ढीली पड़ चुकी हैं। न तो तंगी रही न अकड़, क्या ख़ाक व्यंग लिखेंगे।

बैठक में दीवान पर बुढ़ापे-सी लुड़कती ‘विकलांग श्रद्धा का दौर’ किताब लेकर बाहर झूले पर बैठ, खोलने ही वाले थे कि तभी एक विकलांग कुतिया चिंचियाती हुई गेट के पास आ गई। अंदर से महारानी की आवाज़ आई – “उसे बासी रोटी डाल दो, नहीं तो तुम्हें दूध में मीड़कर गुड़ के साथ नाश्ते में खानी पड़ेंगी।”

किताब झूले पर रख, बासी रोटी लेकर गेट पर आए – तब तक कुतिया पड़ोसी की घी चुपड़ी रोटियाँ खाने चली गई। बासी रोटियाँ ‘विकलांग श्रद्धा के दौर’ के ऊपर रख कर बैठे ही थे, इतने में कचरा समेटने वाली गाड़ी आ गई। दिमाग़ का सारा कचरा उसमें डाल, व्यंग्य का झूला झूलने लगे कि अब कटोरे में गुड़-दूध आने वाला है। सच में, व्यंग्य लिखना बड़ा कठिन है। कोई सुरसुरी नहीं मिल रही।

आज सुबह से ही सावन की झड़ी लगी थी। सैर के लिए जाने का मन नहीं हो रहा था। व्यंग्य की लाइन भी नहीं मिल रही थी। मन उदास था। तभी बूँदाबाँदी रुक गई। छतरी उठाई, चप्पल पहनी और सैर को निकल लिए। रास्ते में सोचते-सोचते दिमाग़ में व्यंग्य की सुरसुरी उठने लगी। तभी सामने से एक अधेड़ सुंदरी तंग कपड़ों में आती दिखीं। व्यंग्य उनके तन पर कसे तंग कपड़ों को देखकर आने लगा। पता नहीं, क्या समझकर उन्होंने हल्का-सा मुस्कुराकर धीरे से नमस्ते कहा। व्यंग्य की पकड़ ढीली पड़ गई। वह छिटक कर दूर जा गिरा। उसे फिर से समेटना शुरू किया ही था कि तभी सामने से तीन सज्जन बातें करते हुए आ गए।

एक सज्जन बोला "यार, उस बुड्ढे को क्या सूझी, अपनी नातिनों के साथ नंगा सोता था। तीनों ठहाकर हंस दिए।"

दूसरे सज्जन बोले – "वो तो ठीक है, उससे देश का कोई नुक़सान तो नहीं हुआ न। दूसरा जूनियर बुड्ढा ग़ज़ब का था – सिर पर एक बाल नहीं था, शीर्षासन करता था। उसे भारत का नक्शा उल्टा दिखता होगा – ऊपर लंका, नीचे लद्दाख़। तभी लद्दाख़ को लंका समझ कर चीन को देने लगा था। चीन ने भी थोड़ा सा दबा लिया।"

तीसरा बोला – "यार, सब उल्टा-पुल्टा कर गए ये सारे बुड्ढे। ऊपर से इतिहास भी ग़लत-सलत पढ़ा गए। मुग़ल साले आतंकवादी थे, उन्हें राष्ट्रवादी बता दिया, और जो अभी राष्ट्रवादी हैं, उन्हें आतंकवादी बताते रहे।"

पहला बोला – "अबे यार, अब राष्ट्रवादी ही आतंकवादी हो गए या आतंकवादी राष्ट्रवादी हो गए – कुछ समझ नहीं आता। सब गड्डमड्ड हो गया। सत्तर साल बर्बाद कर गए। अब नए सिरे से शुरुआत करनी पड़ रही है।"

सुबह की सैर के लोगों की बात सुनकर अपना व्यंग पता नहीं कहाँ रफ़ू चक्कर हो गया। सच में व्यंग लिखना बहुत ही कठिन है।

एक जगह बैठ कर सोचा यार - बाबा, पत्नी, कुतिया, एक हसीना, तीन घूमने वाले और हम खुद भी ज़िंदगी की किताब में छपे व्यंग ही तो हैं। अलग से लिखने की ज़रूरत क्या है?

व्यंग्यमय सब जग जानी,
करहुँ प्रणाम जोड़ि जुग पानि।

7

स्वर्ग-नरक पर्यटन

हृदय रोग से ग्रसित एक परम धर्मात्मा रोगी को हृदय शल्य-चिकित्सा हेतु तीन दिन के लिए बेहोश किया जाने लगा। तब रोगी ने बेहोश होने से पहले प्रार्थना की – "हे प्रभु! तीन दिन का समय मिला है, आत्मा देह से विलग रहेगी। आपकी कृपा हो जाए तो देवलोक दर्शन करवा दीजिए।"

ईश्वर ने रोगी की विनती सुनकर यमराज को आदेश दिया कि फ़लाँ-फ़लाँ को मृत्यु-पूर्व तीन दिवसीय स्वर्ग-नरक पर्यटन पैकेज पर उठा लाओ – जैसे पुलिस वाले आरोपी को आरोप तय किए बग़ैर ही उठा लाते हैं, और बाद में आरोप तय करके पुलिस रिमांड लेते हैं। फिर सुताई के बाद ज्यूडिशियल रिमांड की माँग करते हैं। यदि जज साहब के पास गांधी जी के चित्र वाले सुरक्षित काग़ज़ पर लिखी रिज़र्व बैंक की गारंटी पहुँच जाए, तो संदिग्ध आरोपी घर पहुँच जाता है; नहीं तो जेल की हवा में साँस लेता है।

यमराज ने आत्मा उठा लाने वाले विभाग को आदेश दिया कि रोगी की आत्मा को यूरोप भ्रमण जैसी तीन दिवसीय पर्यटन-यात्रा की तर्ज़ पर उठा लाया जाए। विभाग प्रमुख ने कहा कि यह आदेश गरुड़ पुराण की कार्य-पद्धति और प्रणाली (System & Procedure) में वर्णित प्रोटोकॉल के अनुसार सही नहीं है। यमराज ने विभाग प्रमुख की बात पर कान न धरते हुए प्रोबेशन पर प्रतिनियुक्त रंगरूट यमदूत को लक्षित रोगी को उठा लाने हेतु देवराज इंद्र को ज्ञापन प्रस्तुत करने का आदेश दिया। जब ज्ञापन इंद्र के पास

पहुँचा, तब वे इंद्राणी सहित "मदिरा" सेवन में मस्त थे। मेनका, शकुंतला को ऋषि कण्व आश्रम में छोड़कर विश्वामित्र के पास से लौटकर आइटम सॉन्ग पेश कर रही थीं। सूर्य, अग्नि, पवन इत्यादि देवता रसरंग में डोल रहे थे।

इंद्र ने उनकी नज़र बचाकर ज्ञापन पर एक नज़र डाली और क्षीरसागर सचिव को मोबाइल घुमाया। सचिव ने बताया कि प्रभु की ऐसी इच्छा है कि एक रोगी को तीन दिवसीय स्वर्ग-नरक भ्रमण हेतु लाना है, लेकिन यमदूत को आने-जाने का भत्ता नहीं मिलेगा। इंद्र ने ज्ञापन संस्तुत करते हुए टीप लगा दी – "पर्यटन के दौरान गरुड़ पुराण प्रोटोकॉल का उल्लंघन नहीं होना चाहिए।"

इस प्रकार, स्वर्ग में देवताओं के राजा इंद्र के मार्फ़त प्रभु की अनुमति से यमदूत, महिंद्रा कंपनी द्वारा तैयार विशेष भैंसे पर सवार होकर आर्यभूमि पहुँचा। उसने मृत्युलोक में गरुड़ पुराण का घोर उल्लंघन देखा और इंद्र को व्हाट्सएप पर संदेश भेजा –

"हे देवेंद्र! भारत भूमि पर गरुड़ पुराण का घोर उल्लंघन हो रहा है। सात सौ नगरों, दो हज़ार छोटे शहरों और सात लाख गाँवों में चौबीसों घंटे चिताएँ सुलग रही हैं। परिवार वाले मृतकों का अंतिम संस्कार नहीं कर रहे हैं। चांडाल क़िस्म के लोग शवों को लाल-सफ़ेद तूस कपड़े की जगह नेता के चित्र वाले भगवा चमकीले कफ़न में लपेट कर जला रहे हैं। लकड़ियों की कमी से आधी जली चिताएँ खटक रही हैं, जिससे अग्नि देव भ्रष्ट हो रहे हैं। न पिंडदान हो रहा है, न अंतिम संस्कार, न अस्थि विसर्जन, न गंगाजली पूजन, और न तेरहवीं की रसोई। आर्यभूमि पर धुएँ के बादल छाए हैं, इसलिए वह अस्पताल ही नहीं दिख रहा जिससे लक्षित रोगी की आत्मा को उठाना है। सभी अस्पताल एक जैसे दिख रहे हैं। सभी अस्पतालों में ऑक्सीजन और दवाइयों की कालाबाज़ारी हो रही है, और रोगियों को लूटा जा रहा है। कृपया संदर्भाधीन प्रकरण में गरुड़ पुराण प्रोटोकॉल की छूट दें।"

इंद्र ने उत्तर में प्रश्न पूछा – "ईश्वर का प्रतिनिधि क्या कर रहा है? व्यवस्था क्यों नहीं बनाता? पहले उसे ही उठा लाओ, जैसे आरोपी के लापता होने पर पुलिस घर के मुखिया को उठा लाती है।"

यमदूत ने फिर एक संदेश भेजा – "हे राजन! राजा को नहीं उठा सकते। उसे प्रभु का अभयदान प्राप्त है। वह पृथ्वी पर शनि का प्रतिनिधि है। उसने राजा दशरथ के पुत्र का मंदिर बनाने की नींव रखकर प्रभु की नज़र में अपने आपको सुरक्षित कर लिया है। उसने मार्च में हमारे टार्गेट पूरे करने में सहायता की है। यदि वह कुंभ न भरवाता या चुनाव नहीं करवाता, तो हमें आत्माओं को स्वर्ग में लाने का लक्ष्य पूरा करने में छठी का दूध याद आ जाता। उसने चीनी राक्षस कोरोना को हमारा लक्ष्य पूरा करने में महत्वपूर्ण योगदान दिया है।" इंद्र ने यमदूत को संदेश दिया – "हमें गोपनीय जानकारी मिली है कि लक्षित रोगी किसी निजी अस्पताल में है। अपनी क्षमता का बुद्धिमानीपूर्ण उपयोग करके किसी भी तरह उसकी आत्मा को उठा लाओ – यही प्रभु का आदेश है।"

यमदूत ने निजी अस्पतालों पर ध्यान केंद्रित किया, तो उसे बेहोश रोगी की आत्मा अस्पताल की छत पर चिकन तंदूरी की तरह लटकती हुई मिल गई। वह उसे सींक सहित भैंसे की पीठ पर लादकर स्वर्ग-नरक पर्यटन हेतु ले गया। रोगी की आत्मा ने वापस अपनी देह में लौटकर यात्रा-वृत्तांत लिखा –

मुझे जब आकाश मार्ग से ले जाया जा रहा था, मैंने देखा कि सम्पूर्ण आर्यभूमि पर सघन बादल छाए हैं। साँस लेने में तकलीफ़ हो रही है, ऑक्सीजन छोड़ने वाले पेड़ सूखने लगे हैं। हज़ारों की संख्या में मृत लोगों की आत्माएँ यमलोक ले जाई जा रही हैं। यमदूत कम पड़ गए हैं, इसलिए आत्माओं को सौ-सौ के झुंड में भैंसों पर लादकर ले जाया जा रहा है। श्मशान में जगह नहीं मिल रही; दाह-संस्कार की प्रतीक्षा सूची लंबी होती जा रही है। लाशें सड़कों पर जलाई जाने लगी हैं, गंगा नदी में बहाई जाने लगी हैं। शवों को कुत्ते कुतर रहे हैं – बड़ा वीभत्स दृश्य है। मेरा पहला दिन मृत्यु लोक से देवलोक की यात्रा की भेंट चढ़ गया।

देवलोक के आव्रजन काउंटर पर मृत आत्माओं का ज़बरदस्त जमावड़ा था। दूसरे दिन, आठ घंटे पंक्ति में खड़े रहने के बाद जब दरवाज़े पर पहुँचा, तो यमदूत मुझे लेकर रिसेप्शन पर पहुँचे। वहाँ मुझसे एक सामान्य मृत आत्मा की तरह व्यवहार किया जाने लगा। साथी यमदूत ने आक्षेप किया – "भाई,

ये तीन दिवसीय स्वर्ग-नरक पर्यटन यात्री हैं। प्रभु की विशेष अनुकम्पा से इन्हें भ्रमण हेतु यहाँ लाया गया है। आप इनके लिए स्वागत-पेय स्वरूप मदिरा, मालिनी और मृणालिनी पेश करो।"

रिसेप्शन कर्मचारी ने यमदूत की बात को नज़रअंदाज़ करते हुए मेरा कर्म-रिकॉर्ड चित्रगुप्त के समक्ष बाँचना शुरू कर दिया, ताकि यह तय किया जा सके कि मेरा वास स्वर्ग में होगा या नरक में।

यमदूत ने चित्रगुप्त जी से पुनः निवेदन किया, तो चित्रगुप्त जी ने कहा – "हायरेर्की प्रोटोकॉल भी तो कोई चीज़ होती है! तुम अपने यमराज बॉस, जो मुझसे जूनियर हैं, से कहो कि मुझसे मोबाइल पर बात करें।"

यमदूत ने अपने मोबाइल से यमराज को फ़ोन लगाकर वस्तुस्थिति बताई, तो उन्होंने चित्रगुप्त जी से बात कराने को कहा। चित्रगुप्त जी ने न्यायालय कार्यों में व्यस्तताओं के वशीभूत होकर बात करने से मना कर दिया और मुझे यमदूत सहित पंक्ति से निकालकर हवालात में रख दिया गया।

हवालात में बाहर लटक रहे लट्टू की रोशनी सीखचों से छनकर अंदर आ रही थी। मैंने मिचमिचाती आँखों से हवालात का निरीक्षण किया। वहाँ पानी-पेशाब की बुद्धिमानीपूर्ण व्यवस्था थी। दाहिनी तरफ़ एक काले घड़े पर टीन के ढक्कन वाला टीन का मग्गा रखा था और उसके बगल में पेशाब करने की खुली चौकी बनी थी। आपको पानी पीने के बाद पेशाब करने कहीं दूर जाने की ज़रूरत नहीं थी – वहीं पानी पीओ और वहीं निकाल दो।

एक कथड़ी नुमा कम्बल पड़ा था, जिसमें कीड़े-मकोड़े बिलबिला रहे थे। मच्छरों की भरमार थी। मेरी देह तो अस्पताल का देयक भुगतान होने तक डॉक्टर के कब्ज़े में वातानुकूलित कमरे में थी, इसलिए मच्छर मुझे काट नहीं पा रहे थे। ख़ुशामद पसंद बॉस जिस तरह चमचों पर भुनभुनाता है, मच्छर उसी तरह संतरियों पर भुनभुना रहे थे कि कोई मालदार मुवक्किल क्यों नहीं पहुँचाया।

दूसरा दिन हवालात में ही निकल गया।

तीसरे दिन थानेदार को सूचना मिली कि मेरे प्रकरण की वीडियो कॉन्फ्रेंस से सुनवाई होनी है – कि मेरा क्या किया जाए। वीडियो के ज़रिए

मेरे प्रकरण की सुनवाई शुरू हुई। स्क्रीन पर चार चित्र दिख रहे थे – एक में यमराज एक फ़ाइल लेकर खड़े हैं। दूसरे में चित्रगुप्त अपने कारिंदों सहित दिख रहे हैं। तीसरे में प्रभु शेष सैया पर करवट लिए लेटे हैं, माता लक्ष्मी चरण सेवा कर रही हैं, और उनके सामने पत्रकार नारद वीणा व करतल लिए खड़े हैं। चौथे स्क्रीन में यमदूत की गिरफ़्त में मेरी आत्मा नज़र आ रही थी।

इसके पहले कि मामले की सुनवाई शुरू हो, प्रभु का वाहन गरुड़ रोते हुए कोर्ट में हाज़िर होकर बोला – "प्रभु ! मेरा अस्तित्व ख़तरे में है, मेरी रक्षा करें।"

नारद के पूछने पर गरुड़ बोले – "यह एक विशिष्ट याचिका (Special Leave Petition) है। पहले इसकी सुनवाई कीजिए, नहीं तो मैं हड़ताल पर चला जाऊँगा और प्रभु का जगत-नियमन रुक जाएगा। अभी कोरोना के कारण कहीं नहीं जा पा रहे हैं। फिर मेरे कारण विश्व-भ्रमण थम जाएगा, विश्व-कल्याण रुक जाएगा, और 'विश्व गुरु' की चेतना लुप्त हो जाएगी। मुझे दोष मत दीजिएगा – सम्पूर्ण व्यवस्था लड़खड़ा जाएगी !"

"पुराणों में गरुड़ पुराण की अपनी महत्ता है, जिसका सर्वाधिक उपयोग मृत्यु-संस्कार में होता है। इस समय मृत्युलोक में गरुड़ पुराण का घोर उल्लंघन हो रहा है। दाह संस्कार, गरुड़ पुराण पारायण, गंगाजली पूजन, तेरहवीं रसोई, मुंडन, ब्राह्मण भोज और वैतरणी पार करने हेतु गौदान – सब रुक गया है। 'गरुड़ पुराण' पुस्तक अब किलो के भाव बिकने वाली किताबों के ढेर पर बेची जा रही है। ब्राह्मण-पुजारी घरों से नहीं निकल रहे हैं। क्षत्रिय, वैश्य और शूद्र – सब घरों में घुसकर जनसंख्या बढ़ाने के उपक्रम कर रहे हैं, ताकि उनकी जनसंख्या म्लेच्छ लोगों की चार औरतों से पैदा होने वाले बच्चों की गति को पछाड़ दे। ख़ैर, उससे हमें मतलब नहीं है। हम तो बस चाहते हैं कि आर्यभूमि पर अधर्म का नाश हो, धर्म की जय हो, और गरुड़ पुराण की महिमा फिर से स्थापित हो !"

पत्रकार नारद ने प्रभु की तरफ़ देखा। उनकी भृकुटि की चाल समझकर नारद बोले –

"गरुड़ देव, आप निश्चिंत रहें। प्रभु के कृष्ण-अवतार की प्रतिष्ठा सूरदास ने स्थापित की थी, राम की शौर्य गाथा तुलसीदास की कलम से निकली – तब तक उन्हें कम ही लोग जानते थे। यह कोरोना काल बीत जाए, फिर हर चुनाव के पहले भागवत पुराण की तर्ज़ पर गरुड़ पुराण पारायण हुआ करेगा। मृत्युलोक में इस समय लेखकों की बुद्धि भ्रष्ट हो गई है – वे ऊलजलूल लिख रहे हैं। पर उसकी बुद्धि जागृत होगी और वह कल्कि-पुराण में गरुड़ की महत्ता प्रतिपादित करेगा। तब पृथ्वी पर कल्कि और गरुड़ वैसे ही पूजे जाएँगे जैसे शिव और नंदी पूजे जाते हैं। आर्यभूमि पर कल्कि अवतार हो चुका है। उसके करोड़ों अंधभक्त उसकी महिमा बखान कर रहे हैं। पृथ्वी पर पुनः आर्य राष्ट्र स्थापित होगा। कल्कि अभी कोरोना वध में व्यस्त हैं। पहले वे कोरोना के माध्यम से देशद्रोहियों और पापियों का संहार कर रहे हैं। आख़िर में धर्मात्मा लोग ही बचेंगे। तब तक राम जी का मंदिर भी बन जाएगा। फिर कल्कि, कोरोना वध करके मृत्युलोक के सर्वमान्य राजा होंगे।"

गरुड़ जी शांत हो गए।

अब हुआ यह कि गरुड़ जी की सुनवाई में मेरे प्रकरण की सुनवाई मुल्तवी हो गई।

अगले दिन चित्रगुप्त जी ने आवेदन दिया कि लक्षित आत्मा की तीन दिवसीय स्वर्ग-नरक पर्यटन की अवधि कल समाप्त हो गई है, इसलिए अब इस प्रकरण की सुनवाई वांछित नहीं है। लिहाज़ा न्यायालय का आदेश हुआ कि यमदूत लक्षित आत्मा को वापस उसकी देह में पहुँचा दें। मुझे पुनः हवालात में पहुंचा दिया गया।

मेरी हवालात से रिहाई का आदेश पाँचवें दिन थानेदार को मिला, तब छठवें दिन मुझे यमदुत के हवाले किया गया। यमदूत मुझे सातवें दिन अस्पताल की छत पर छोड़कर वापस यमलोक चला गया। मैंने अस्पताल में अपनी देह ढूँढ़नी शुरू की, जो वहाँ की मर्चुरी में रखी थी। वहाँ अस्पताल अधीक्षक आए और बोले – "साढ़े पाँच लाख रुपये के बिल का भुगतान होने पर ही शव रिश्तेदारों को दिया जाएगा।" मैंने देखा – मेरी पत्नी, बेटा, भाई, बहन – सब लोग अस्पताल के स्वागत कक्ष में रो रहे हैं। तभी एक अस्पताल

कर्मचारी आकर बोला – "साढ़े पाँच लाख जमा करो और शव ले जाओ।" यह सुनते ही पत्नी बोली – "मेरा कोई पति नहीं है।" बेटा बोला – "मेरे कोई पिता नहीं हैं।" भाई-बहन बोले – "हमारा कोई भाई नहीं है। हम तो कोरोना की जाँच कराने आए हैं।"

मैं आश्चर्यचकित होकर उन्हें देखता रह गया। चार-पाँच दिन इंतज़ार के बाद, मेरी सड़ी-गली देह को पॉलीथीन में बाँधकर एक ट्रक पर लादकर ग़ाज़ीपुर के पास गंगा नदी के हवाले कर दिया गया। वहाँ आवारा कुत्तों ने मेरे शव को कुतरना शुरू कर दिया।

अब मैं ऋषि विश्वामित्र की तरह त्रिशंकु बनकर रह गया हूँ – मेरी देह कुत्ते खा गए और यमलोक मेरी आत्मा को लेने को तैयार नहीं है। इति – देवलोक पर्यटन वृत्तांत।

8

शास्त्रोक्त मृत्यु

मृत्युलोक में मृत्यु की घटनाओं के व्यवस्थित निपटान हेतु देवलोक में एक कार्यप्रणाली और पद्धति का विधान है। सबसे पहले यमदूत आत्मा को लेकर यमलोक पहुँचता है। वहाँ उसके पहचान के दस्तावेज – जैसे आधार वग़ैरह – से मृत व्यक्ति की आत्मा का सत्यापन होता है। उसके बाद आत्मा को यमलोक से कर्मलेखा विभाग पहुँचाया जाता है, जहाँ लेखापाल चित्रगुप्त जी द्वारा आत्मा को कर्मों के आधार पर उसकी स्वर्ग या नरक वास की अवधि का निर्धारण कर, फ़ाइल सहित उसे संबंधित लोक में – आनंद या प्रताड़ना – हेतु पहुँचा दिया जाता है। यह प्रक्रिया शास्त्रोक्त मृत्यु पर लागू होती है – याने मृत्यु यमलोक से प्राधिकृत होनी चाहिए, और मृत्यु-दस्तावेज़ पर यमराज की मुहर सहित दस्तख़त होने चाहिए। अन्यथा, मृत्यु को अनाधिकृत मृत्यु माना जाता है। गरुड़ पुराण प्रोटोकॉल का पालन न करके यमलोक पहुँच रही आत्माएँ भी अनाधिकृत मृत्यु के प्रकरण मानी जाती हैं।

इस कारण, कोरोना राक्षस द्वारा मारे गए लोगों की अनाधिकृत आत्माएँ जब बहुत बड़ी संख्या में यमलोक के दरवाज़े पर पहुँचने लगीं, तो वहाँ हड़कंप मच गया। उनमें कुछ नेता-क़िस्म के लोगों की भी आत्माएँ थीं। कुछ विपक्षी किस्म के नेता यमलोक के दरवाज़े पर ऊधम मचाने लगे – यमराज का पुतला जलाने लगे।

यमराज ने 'व्यवस्था के नाम पर' उनके एक प्रतिनिधि-मंडल को वार्ता हेतु बुलाया, लेकिन न्यूज़ चैनलों और सोशल मीडिया पर चलने वाली अनवरत बहस-मुबाहिसों की तरह उस वार्ता का भी कोई सार्थक हल नहीं निकला।

परिणामस्वरूप, प्रतिनिधि-मंडल को स्वर्ग के स्वामी देवेंद्र के पास ले जाया गया। देवेंद्र, आर्यभूमि से चिढ़े बैठे थे। आर्यभूमि का राजा म्लेच्छों को प्रताड़ित करके सनातन संस्कृति को पुनर्जीवित कर स्वर्ग का राज्य हथियाना चाहता था। देवेंद्र, आर्यभूमि पर फैली अस्त-व्यस्त और ध्वस्त मानवीय व्यवस्था पर बहुत प्रसन्न थे – जिससे राजा का 'चमत्कारी स्वरूप' उन्हें थोड़ा कुरूप लगने लगा था, और आर्यसंघ की नज़र में उनकी गोपनीय रिपोर्ट भी बिगड़ने लगी थी। देवेंद्र ने हल निकालने हेतु आपस में लड़ने वाले देवताओं की एक सात-सदस्यीय समिति बना दी। समिति आपस में ही उलझती रही। कोई निष्कर्ष नहीं निकला, तो यह तय किया गया कि प्रतिनिधि-मंडल को पवन देव के नेतृत्व में प्रभु के दरबार – क्षीरसागर – ले जाया जाए।

क्षीरसागर में प्रभु दाहिनी करवट ध्यानमग्न थे। प्रतिनिधि मंडल के पहुँचते ही उन्होंने पत्रकार-सह-राजनीतिक प्रवक्ता नारद को ध्यान आदेश से बुला लिया। प्रभु कम बोलते हैं, इसलिए वार्ता नारद के माध्यम से होने लगी।

मुखर विपक्षी नेता बोला – "प्रभु, राजनीतिक द्वेष के कारण ऐसी परिस्थितियाँ बना दी गई हैं कि हमारी मृत्यु पर गरुड़ पुराण प्रोटोकॉल का अनुपालन नहीं हुआ। हमारी आत्माएँ तीनों लोकों में से कहीं भी आश्रय नहीं पा रहीं और अंतरिक्ष में भटकने को अभिशप्त हैं – जबकि इसमें हमारा कोई दोष नहीं है।"

नारद जी – "नारायण... नारायण! यह मृत्युलोक का मसला है। प्रभु ने एक विधान बना दिया है। गरुड़ पुराण प्रोटोकॉल का पालन ठीक वैसे ही होना चाहिए जैसे आप लोग कोरोना के इलाज के लिए मेडिकल प्रोटोकॉल का पालन कर रहे हैं। आपने न मेडिकल प्रोटोकॉल का पालन किया और न गरुड़ पुराण प्रोटोकॉल का। यह समस्या न देवलोक की है, न क्षीरसागर की।"

प्रतिनिधि – "ऋषिवर, इसमें हमारा तो कोई दोष नहीं है। हमने तो प्रभु की पूजा, प्रार्थना विधि-विधान से की है – और प्रसाद भी भक्ति-भाव से ग्रहण किया है।"

नारद जी – "नारायण... नारायण! हे भटकती आत्माओं, प्रभु ने तो कभी कहा ही नहीं कि उनकी पूजा या प्रार्थना करो। यह तो तुम स्वार्थवश करते हो – कि तुम्हें धन-धान्य, संपत्ति मिले, रोग से बचो, अकाल मृत्यु न हो और मृत्यु के बाद स्वर्ग मिले। ये सब तुम भय या लालच के वशीभूत होकर करते हो।"

प्रभु के मत्स्य अवतार, कूर्म अवतार और वाराह अवतार तक पूजा का कोई विधान नहीं था। कश्यप ऋषिपुत्र हिरण्यकश्यप खुद अपनी पूजा करवाने को कहता था। उसके पुत्र प्रह्लाद ने प्रभु का नाम जपा, तो प्रभु ने भक्त की रक्षा हेतु उसके पिता का वध किया था। प्रह्लाद ने प्रभु की पूजा आरम्भ की – तभी से तुम लोग पूजा-वगैरह करने लगे। लेकिन तुम्हारी पूजा वैसी नहीं है जैसी अंधभक्त कर रहे हैं। अंधभक्तों ने तो अपने नेता को प्रभु का दसवाँ अवतार भी घोषित कर दिया है। तुम लोग तो अपने राजा पर ही सवाल उठाते रहते हो!"

प्रतिनिधि – "ऋषिवर, हमने भी पहले ऐसी ही पूजा की थी, जिसमें कोयला और थ्री-जी घोटालों के रूप में खूब प्रसाद भी ग्रहण किया।"

नारद जी – "नारायण... नारायण! अभी जैसी पूजा तुम्हारे विरोधी कर रहे हैं, तुम्हारी पूजा से उसकी कोई बराबरी नहीं है। उनमें बिना शर्त ग़ज़ब का समर्पण है। उन्हें भागवत परायण और श्रीकृष्ण जन्माष्टमी आयोजन हेतु धन मिलता है। वे मटकी फोड़ते हैं और मक्खन चाटते हैं – तुम हाईकमान के तलवे चाटते हो। वे ठेके और अस्पतालों से ख़ूब कमाई कर रहे हैं। वैसी पूजा अगर तुम करते तो यहाँ नहीं भटकना पड़ता। तुम लोग डरते-डरते पूजा करते हो, अंधभक्त खुलकर पूजा करते हैं। मंत्रोच्चारण में विरोधियों की माँ-बहन को याद करते हैं!"

प्रतिनिधि – "ऋषिवर, अंधभक्त कह रहे हैं कि गंगा में बहाई गई लाशों की आत्माएँ सीधे स्वर्ग पहुँच रही हैं। क्या यह सही है?"

नारद जी – "नारायण... नारायण! वत्स, गरुड़ पुराण प्रोटोकॉल का पालन ज़रूरी है। पाँच तत्व का ऋण अग्नि-दाह क्रिया से उतरता है। जीवात्मा देह को छोड़कर चली जाती है। शव को अग्नि में जलाते समय – अग्नि, जल, वायु और पृथ्वी – अपना-अपना अंश वापस ले लेते हैं। धुआँ आकाश में समाहित होकर आकाश का ऋण उतारता है।" "बची हुई अस्थियाँ पिंडदान सहित गंगा स्वीकार करती है। यही विधान है। अन्यथा गंगा प्रदूषित होगी। अंधभक्त अति-आवेश में कुछ भी बोल देते हैं। लेकिन उन्हें दोष नहीं लगता, क्योंकि 'धर्म की जय हो – अधर्म का नाश हो' का नारा सारे दोष ढँक लेता है!"

प्रतिनिधि – "ऋषिवर, हम जैसी भटकती आत्माओं का क्या भविष्य है?"

नारद जी – "नारायण... नारायण! वत्स, दसवें अवतार ने आर्यभूमि में अवतरण कर लिया है। अभी वह कोरोना नामक राक्षस से देशद्रोहियों का नाश होने दे रहा है। जब कोरोना कमज़ोर पड़ जाएगा, तब वह उसका वध कर सारा श्रेय लेकर सम्पूर्ण पृथ्वी पर विश्वगुरु का स्थान ग्रहण करेगा – और कल्कि अवतार कहलाएगा। तब तक तुम लोग प्रेतयोनि में भटकोगे। जब वह प्रेतमेध यज्ञ करेगा, तब उसमें तुम आत्माओं की आहुति दी जाएगी – और तब तुम सीधे नरक पहुँचोगे। स्वर्ग, अंधभक्तों हेतु आरक्षित है!"

प्रतिनिधि – "ऋषिवर, मृत्युलोक में जीवित विरोधियों के लिए क्या संदेश है?"

नारद जी – "नारायण... नारायण! उन्हें नर-इंद्र की शरण में जाकर सरकारों में शामिल होकर धर्म की रक्षा करनी चाहिए, ताकि आयकर विभाग और सीबीआई के कुत्ते उन्हें कोई नुक़सान न पहुँचा सकें। आप लोग यहाँ पवन देव के नेतृत्व में आए हैं। पवन देव हवा पर सवार होते हैं – जैसी हवा बहे, वैसे ही बहने लगते हैं। हवा का रुख देखकर पार्टी वग़ैरह बदलने में बुद्धिमान संकोच नहीं करते। वे मंत्री बन जाते हैं और फिर खुद हवा का रुख़ तय करने लगते हैं। यही कल्कि विधान है!"

प्रतिनिधि – "लेकिन ऋषिवर, लोकतंत्र में व्यक्ति-पूजा का क्या लेना-देना?"

नारद जी – "नारायण... नारायण! वत्स, किस लोकतंत्र की बात कर रहे हो? भारत का लोकतंत्र कोई अमेरिका या यूरोप जैसा थोड़े ही है – जहाँ लोकतांत्रिक संस्थाओं और मर्यादाओं का पालन होता है, और व्यक्ति का कोई विशेष महत्व नहीं होता। आर्यभूमि में तो अवतारों की पूजा की परंपरा सनातन काल से विकसित हुई है। भारतवासियों के संस्कारों में पूजा–प्रार्थना–प्रसाद ऐसे रचे-बसे हैं जैसे – पुष्प में सुगंध, अग्नि में जलन, वायु में गति, और भूमि में भार। वे लोकतांत्रिक व्यवस्था के बग़ैर रह सकते हैं, लेकिन व्यक्ति-पूजा के बिना ऐसे तड़पते हैं जैसे जल-बिन मछली। उन्हें कोई नौटंकीबाज़ चाहिए – जो उनकी व्यक्ति-पूजा की भूख को शांत करता रहे।"

वार्ता के दौरान प्रभु मुस्काते रहे। उनके वाहन गरुड़ प्रसन्न थे। माता लक्ष्मी उनकी चरण सेवा करती रहीं। उनका दूसरा वाहन उल्लू, आत्माओं से प्रेतात्मा बनी रचनाओं को चुपके से दो हज़ार का बंद नोट दिखाकर पंडितों के माध्यम से शॉर्टकट का इशारा करता रहा। एक प्रेतात्मा बोली – "हमारी संपत्ति तो अस्पतालों और उत्तराधिकारियों ने हड़प ली। अब शॉर्टकट भी काम का नहीं रहा।"

प्रेतात्माएँ "ॐ परमेश्वराय नमः" का जाप करते हुए अंतरिक्ष में भटक रही हैं।

9

राजभाषा पखवाड़ा

साहित्य जगत में कहावत है कि जबलपुर व्यंग्य की राजधानी है। परसाई जी ने वहाँ की सड़कों को व्यंग्य के रंग से सराबोर किया था। पान लगाते पनवाड़ियों की हिकडुल वाली शारीरिक हरकत और नाई की कैंची से चलती ज़ुबान ने जबलपुर की फ़िज़ा और परसाई को रंगा है।

परसाई जी होशंगाबाद के पास जमानी से जबलपुर आए थे। वे जमानी में जम नहीं पा रहे थे, तो होशंगाबाद, नागपुर और खंडवा के कुओं का पानी पीकर अंत में जबलपुर आकर ठिकाने लगे। जबलपुर की फ़िज़ाओं में मज़ाक़िया लहजा घुला है – जैसे बनारस की हवाओं में भाँग-धतूरे की सुगंध लेना नहीं पड़ती, वह स्वमेव नथुनों में समा कर बनारस में होने का अहसास करा देती है। जैसे मथुरा में नज़र फिसलने के लिए अलग से मक्खन की ज़रूरत नहीं होती – राधा रानी दिखीं नहीं कि कान्हा की नज़र स्वमेव फिसलने लगती है।

श्याम टॉकीज़ से कृष्णा टॉकीज़ होते हुए ज्योति टॉकीज़ के पान टपरों, नुक्कड़ों और नाइयों की दुकानों ने उन्हें जमानी के परसाई से जबलैपुर के परसाई जी बनाया था। जबलैपुर के लोगों के व्यवहार में व्यंग्य वैसा ही लिपटा है जैसे बीड़ा में चूना-कत्था। इसी कारण परसाई जी अकसर श्याम टॉकीज़ चौराहे पर मित्रों के साथ पान चबाते दिख जाते थे।

एक वाकया है। हम स्टेट बैंक तुलाराम चौक में काम कराने गए थे। देर होने से उबासी आने लगी, तो हम करमचंद चौक तरफ़ निकल लिए। ठेठ चौक पर बंदर वाले नाई की दुकान के बाजू में पान लगवाने लगे। इतने में काफ़ी हाउस से कुर्ता-पायजामा कसे हुए एक नेता-क़िस्म के आदमी आए और नाई से बोले – "यार, आज एक प्रशंसक इतनी दाद दे गया कि खुजाते-खुजाते नाखून सूज गए। अब इन सूजे नाखूनों को लेकर घर जाएँगे, तो घरवाली पूछेगी – जे नाखून कहाँ से सुजा लाए? चल भाई, नाखून काट दे।"

ख़वास के मुँह में भी बवासीर थी, वो बोला – "भैया जी, नाखून कल कटवा लइयो। आज भौजी से निपट लो, भाँ भी तो इनकी ज़रूरत हुईए। नई तो कल आकर केहो – नाखून सुजावे को तेल दे दो!"

नेता जी बोले – "अबे हट! नाखून भी कभी सूजते हैं क्या? कुछ भी बकता है।"

नाई – "भैया जी, आप अबई तो कह रहे थे के नाखून सूज गए। जबलपुर बड़ी बेहूदी हरकतों से भरा क़स्बा है। संस्कार एकऊ नहीं है, फिर भी संस्कारधानी बजत है, तो नाखून काय नहीं सूज सकें?"

नेता जी – "अबे, शरीर की कोई चीज़ सूजती तब है जब वहाँ का खून संक्रमित हो जाए। नाखून खुद कहत है के वा में खून नहीं है'!"

नाई – "तो भैया जी, आप लोगन के हाथों के नाखून में न जाने कितने मासूमों की हत्या का खून लगो है। बिना दंगा के आप एक भी चुनाव नहीं जीते।"

नेता जी – "तो क्या नाखून सुजाने का तेल भी होता है क्या? कहाँ बनता है?"

नाई – "हाँ, होता है। यहीं नौदरा पुलिया पर बनता है। एक काँच की शीशी में सरसों का तेल भरो, उसे ज्योति टॉकीज़ के सामने नौदरा पुल की पुलिया पर रख दो। वहाँ शुक्ल पक्ष में आधी रात गुज़रते ही जबलपुर की प्रख्यात प्रतिभाओं – रजनीश, हरिशंकर परसाई और महेश योगी की आत्माएँ विचरण करते हुए बतियाती हैं। वही उनका अड्डा था। चाँदनी रात में

तेल की शीशी उनकी बातें सुनकर हिलने लगेगी। इन तीनों ने असंख्य लोगों की आत्माएँ सुजा दी थीं – नाखून कहाँ लगते हैं!"

हम उनकी बातों का मज़ा लेते खड़े थे। तभी राजभाषा अनुभाग के अग्रवाल जी आ गए। उनसे पान-पनैहों की पूछी तो वे चिपक गए। बोले –

"चलो यार, किताबें ख़रीदना है।"

वे रास्ते भर क़िस्सा-किताब सुनाते चले।

जबलपुर जैसे शहर में प्रत्येक वर्ष शिक्षा, प्रशासन, बैंक, रेलवे और सरकारी विभागों से क़रीब दो हज़ार कर्मचारी सेवानिवृत्त होते हैं। स्वास्थ्य सुविधाओं में सुधार से उनके स्वास्थ्य भी ठीक-ठाक रहते हैं। उनमें लिखने की कला भी होती है और वे ज़िंदगी के अनुभव दुनिया से बाँटना भी चाहते हैं। उनमें छपास की भूख भी रहती है।

उनकी इसी प्रवृत्ति का पुस्तक प्रकाशक फ़ायदा उठाते हैं। उन्होंने 300 पृष्ठ तक की किताब छापने का न्यूनतम खर्चा ₹30,000 तय कर रखा है, जिसमें लेखक को 100 किताबें देते हैं। 200 किताबों का छपाई खर्च ₹15,000 से अधिक नहीं आता। ज़ाहिर है, उन्हें हर छपाई पर ₹15,000 का लाभ और 100 किताबें मुफ़्त में मिल जाती हैं। लेखक की किताबें बिकें या न बिकें – उन्हें कोई फ़र्क़ नहीं पड़ता। वे हर माह 10 से 20 लेखकों की किताबें छाप कर ₹1,50,000 से ₹2,00,000 तक कमा लेते हैं।

लेखक, प्रकाशक और पाठक के बीच की कड़ी पूरी तरह स्वतंत्र नहीं है। लेखक पर समाज और पाठकों की पसंद का दबाव रहता है। प्रकाशक पर व्यापारी प्रवृत्ति हावी रहती है, और इसके चलते वह लेखकों का भरपूर शोषण करता है। पाठक पुस्तक की उपादेयता, लेखक की प्रसिद्धि, आलोचक की टिप्पणी और अपने मानसिक स्तर के अनुरूप किताब का चयन करते हैं। ये आलोचनाएं स्वतंत्र न होकर प्रयोजित रहती हैं।

नयी व्यवस्था के तहत लेखक खुद किताब छपवाता है और प्रकाशक तथा स्वयं के प्रयास से पुस्तक के प्रचार और विक्रय का प्रबंधन करता है। बावजूद इसके, किताबें बिक रही हैं और लोग पुस्तकालयों के माध्यम से या

ख़रीद कर पढ़ भी रहे हैं। दुख बस इतना है कि हिंदी के मुकाबले अंग्रेज़ी की किताबें ज़्यादा बिकती हैं।

'हिंदी साहित्य – 150 रुपये किलो' के विज्ञापन देखकर रहा नहीं गया। मैंने झोला निकाला और आदतन श्रीमती जी से पूछा –

"क्या लाना है?"

उन्होंने कहा –

"दो किलो नॉवेल, एक किलो कविता, एकाध किलो संस्मरण और एक पाव समीक्षा व आलोचना।"

मैंने पूछा –

"आलोचना इतनी सी?"

उन्होंने कहा –

"तीखी होती है और ज़्यादा खपती भी नहीं।"

दुकान में भीड़ थी। राजभाषा वाले मित्र दो बोरियाँ लेकर आए थे। मैंने पूछा –

"क्या साल भर का स्टॉक एक साथ ले जाते हैं?"

उन्होंने कहा –

"नहीं, ऐसी बात नहीं है। हिंदी पखवाड़ा का दो लाख का बजट था। गेस्ट की फ्लाइट और रहने का खर्च, प्रिंटिंग, विज्ञापन, रिफ्रेशमेंट वगैरह में सारे पैसे खप गए। तीन-एक हज़ार बचे थे, तो सोचा 12-15 किलो हिंदी साहित्य खरीद लूँ। बिल बनवा लेंगे। आखिर अपनी दाल-रोटी इसी से चलनी है।"

"और क्या चल रहा है डिपार्टमेंट में?" – मैंने पूछा।

उन्होंने कहा, "काम का प्रेशर बहुत है। रोज़ हिंदी का एक नया शब्द निकालना पड़ता है। फिर अंग्रेज़ी में उसका अर्थ और समानार्थी शब्द, और कामकाज में उसकी उपयोगिता। रोज़ एंट्रेंस के ब्लैक बोर्ड में इसे लिखना होता है। आजकल वर्क प्रेशर कुछ ज़्यादा ही हो गया है।"

मैंने कहा – "सही कह रहे हैं। रोज़ एक शब्द लिखवाकर सिर्फ एक लाख की सैलरी देना मजदूरों का शोषण है!" "हाँ, वो तो है," कहकर वे साहित्य तुलवाने में लग गए। बड़ा ग्राहक देखकर दुकानदार ने मिर्ची और हरा धनिया की तरह थोड़ी पत्रिकाएं ऊपर से भी डाल दीं।

तभी एक मेमसाब कार से उतरीं। उन्हें ब्लू कवर वाले साहित्य की ज़रूरत थी। उन्होंने बताया कि रेड कवर वाली पहले से बहुत हैं। अभी ड्रॉइंग रूम में ब्लू कलर के परदे लगवाए हैं, इसलिए मैचिंग लिटरेचर की ज़रूरत है। मेमसाहब की बिटिया नाक-भौं सिकोड़ रही थी। हिंदी लिटरेचर लेना उसे अपमानजनक लग रहा था। मेमसाहब कह रही थीं, "पढ़ना तो है नहीं, शेल्फ में लगानी हैं, तो थोड़ा चीप लिटरेचर लेना ही ठीक रहेगा।"

उनकी दुकानदार से दुआ-सलाम थी। बैठने के लिए कुर्सी दी गई और चाय भी मंगवाई गई। उन्होंने कहा, "हिंदी साहित्य का रेट कुछ ज़्यादा ही नहीं गिर गया है?" उसने कहा, "नहीं बाऊजी, ये तो सीज़न का रेट है। अभी हिंदी पखवाड़ा चल रहा है, तो उठाव भी ज़्यादा है। ऑफ़-सीज़न में तो हम लोग 100 रुपये किलो बेचते हैं।"

"इतना माल कहाँ से आ जाता है?" – मैंने पूछा। उसने कहा – "माल की कमी नहीं है। दीवाली की पुताई से पहले लोग बहुत सारा माल अपने घर से निकालते हैं। अभी जो मेमसाब आई थीं, उनके परदे बदल जाएंगे तो सारा माल यही छोड़ जाएंगी। राजभाषा विभाग हर साल यही करता है। इस साल का सरप्लस हमारे पास पटक जाता है और अगले साल उसी को खरीद भी लेता है। वैसे सबसे ज़्यादा आवक कविता की है।"

"कविता की?" – मैंने हैरानी से पूछा।

उसने कहा – "हाँ। आप तो जानते ही हैं, हिंदी में सबसे ज़्यादा कविता ही लिखी जाती है। पढ़ी कम जाती है, लिखी ज़्यादा जाती है। हर मोहल्ले में 4-5 कवि तो होते ही हैं। कविता कहीं खपती नहीं है। लौटकर आ जाती है तो अपने खर्चे से उन्हीं का संग्रह छपवा लेते हैं। अब बाँटे तो कितना बाँटें? जिसे देते हैं, वो कहता है – 'पहले से एक पड़ी है।' तो वो सारा माल यहीं आ जाता है। एक मज़ेदार किस्सा है। पड़ोस के मोहल्ले में एक कवि

हैं – रसराज 'रसिक'। दो बेटे हैं, दोनों अच्छी नौकरी में लगे हैं। आमदनी ठीकठाक है। रसिक को काव्य संग्रह छपवाने का शौक है। बेटे जानते हैं कि ये सब फ़िज़ूलखर्ची है, पर कहते हैं – चलो ठीक ही है। बाप अगर क्लब में जाता, जुआ खेलता, दारू पीता, तो इससे ज़्यादा खर्च होता। इससे अच्छा है कि कविता लिखता है।"

"तो एक बार यूँ हुआ कि रसिक जी ने जोश-जोश में अपने काव्य-संग्रह की पाँच हज़ार प्रतियाँ छपवा लीं। अब बाँटे तो कितना बाँटें! एक नौजवान मिला। उनसे बोला – आप उच्च कोटि के कवि हैं, आपके साहित्य का प्रचार मैं करूँगा। रोज़ 3-4 प्रतियाँ ले जाता। एक दिन रसिक जी को मालूम पड़ा कि वह तो पनवाड़ी है! मारे गुस्से के सारी प्रतियाँ यहाँ पटक गए। अब यह 10 रुपये किलो में भी क्या बुरा है?"

मैंने पूछा – "साहित्य नग के हिसाब से नहीं बेचते?"

जैसे कोई शास्त्रीय संगीत का गवैया उस्तादों के नाम लेते हुए कान पकड़ लेता है, वैसे ही उसने कान छूकर बताया – "वेद प्रकाश जी और सुरेन्द्र मोहन जी की बिकती हैं। पहले मनोहर कहानियाँ और सत्य-कथा भी बिकती थीं, पर अब तो टीवी चैनल ज़्यादा सच्चे और ज़्यादा मनोहारी हो गए हैं। नग वाला ज़माना चला गया है। अब तो किलो का ही हिसाब चलता है।"

"अंग्रेज़ी का साहित्य नहीं रखते?" – मैंने पूछा।

जैसे पटरे पर बैठा सब्ज़ीवाला है और उससे किसी ने बेबी कॉर्न या बटन मशरूम माँग लिया हो, उसने सकुचाते हुए कहा – "नहीं बाऊजी, उसके लिए तो आपको बिग बाज़ार जाना पड़ेगा। शो-रूम भी हैं। यह बड़े डीलरों वाला काम है।"

मैंने पाँच-छह किलो साहित्य तुलवाया।

दुकानदार अंदर गया। लौटकर बोला – "आपके लिए स्पेशल गिफ़्ट है।" देखा परसाई जी की किताब थी – प्रेमचंद के फटे जूते। जिस भाषा का साहित्य 150 रुपये किलो बिकता हो, उसके लेखक को फटे जूते नसीब हो जाएँ, यही बड़ी बात है।

10

मंगल ग्रह पर पानी

जैसे ही अमेरिकी अंतरिक्ष एजेंसी नासा ने घोषणा की कि उन्होंने मंगल ग्रह पर पानी खोज निकाला है, इस घोषणा पर भारत देश की राजनीति में भिन्न-भिन्न प्रतिक्रियाएं हुईं।

देश के मंत्री बोले–

"मितरों, 70 साल हो गए देश को आज़ाद हुए, आज तक पानी मिला क्या? नहीं मिला न?

तो अब, मंगल ग्रह पर पानी मिलने के बाद मैं आप सबसे पूछना चाहता हूँ –

आपको बुध पर पानी चाहिए कि नहीं चाहिए?

आपको शुक्र पर पानी चाहिए कि नहीं चाहिए?

आपको शनि पर पानी चाहिए कि नहीं चाहिए?

मेरे प्यारे देशवासियों, यह देश एक-एक बूँद पानी को तरसा है। अब अवसर आ गया है कि नौ ग्रहों का पानी भारत भूमि पर मिलेगा। देश की सारी नदियों में ब्रह्मांड का जल हिलोरे मारेगा। कोई प्यासा नहीं रहेगा। तो आपसे मेरी हाथ जोड़कर प्रार्थना है कि इस चुनाव में मुझे अपना आशीर्वाद दीजिए और हमारी सरकार बनवाइए। जो काम सत्तर सालों में नहीं हुआ, वह हम करके दिखाएँगे। पुराणों में वर्णित नौ ग्रहों का पानी आपको कुल्ला करने

के लिए लाकर देंगे। आप नहाइए, ऊपर से नीचे तक जो चाहे धोइए–भैंस, कुत्ता, सुअर। नवग्रह जल बिसलेरी की बोतलों में... घर-घर पहुँचेगा।"

विरोधी दल के नेता बोले– "पानी... पानी क्या होता है? आज मैं आपको बताता हूँ कि पानी क्या होता है। पानी, दरअसल पानी होता है। ये जो मंगल ग्रह का पानी है, वो किसानों और मज़दूरों का पानी है... गरीबों का पानी है, और ये सूट-बूट की सरकार... ये सरकार उस पानी को उद्योगपतियों को देना चाहती है। लेकिन मैं आपको ये बताने आया हूँ कि हम ऐसा होने नहीं देंगे। हम सत्तर सालों में सुंदर बिपासा–याने बिजली, पानी, सड़क–नहीं दे पाए, तो किसी भी सरकार को नहीं देने देंगे।"

दिल्ली का एक नेता दबी ज़ुबान में मिमियाया– "मंगल पर पानी ढूँढने के लिए मैं वैज्ञानिकों को बधाई देता हूँ, लेकिन ये केंद्र की सरकार... पानी का कंट्रोल अपने हाथों में रखना चाहती है। दिल्ली की चुनी हुई सरकार को पानी से दूर रखना चाहती है। रहीम यहीं दिल्ली में बैठकर कह गए– 'रहिमन पानी राखिए।' पानी दिल्ली वालों का है– और दिल्ली में ही रहेगा।"

हैदराबाद का एक क़ौमी नेता उचका– "कोई ये न समझे कि मंगल के पानी पर सिर्फ किसी एक कौम का हक़ है। ध्यान रहे कि उस पानी पर हमारी क़ौम का भी बराबर का हक़ है। यदि पानी हमें नहीं मिला, तो हम किसी को नहीं लेने देंगे। ये महमूद ग़जनवी और मोहम्मद गोरी की तेगों का जलज़ला था, जो ग्रहों पर जल के रूप में पहुँचा है। मालिक की बरकत है, रहम है।"

बिहारी नेता कहाँ चुप रहने वाले थे– "ई मंगल पे पानी, मंगल पे पानी, मंगल पे पानी का करता है रे? धुत...! अरे ऊ तो बिहार का पानी है, जो पिंडदान में हमरे गया से जाता है। गया में जाकर पुरखों को पानी देते हो कि नहीं? बोलिए? उहै पानी पहुँचता है मंगल पे... बुडबक!"

एक सबसे तेज चैनल के पत्रकार, एक तालाब के बीच में खड़े होकर बोले– "यहाँ आपके लिए ये जानना बेहद ज़रूरी है कि मंत्री जी इस देश के ऐसे पहले मंत्री बन गए हैं, जिनके कार्यकाल में मंगल पर पानी मिला है...!!! इस वक़्त मैं मंगल पर हूँ, और जैसा कि यहाँ मैं देख पा रहा हूँ– यह दरअसल

एक स्विमिंग पूल है, जो ललित मोदी का है, जो अपनी पत्नी के इलाज के लिए पेरिस हिल्टन के साथ यहाँ आए हुए हैं।"

उन्होंने एक बाइट चलाई, जिसमें एक व्यक्ति कह रहा था– "देख लो, इसे कहते हैं 'अच्छे दिन'! तुम लोग साले दाल की और प्याज़ की महँगाई का रोना ही रोते रहना, बस। मंत्री जी विष्णु भगवान का अवतार हैं। मंगल पर पानी मिल गया– यह विश्वगुरु का चरणामृत है!"

11

शौचालय क्रांति

"वे अविकारी शब्दांश, जो शब्दों के अंत में जुड़कर उनमें विशेषता या परिवर्तन लाते हैं, प्रत्यय कहलाते हैं।" प्रत्यय शब्द दो शब्दों से मिलकर बना है – प्रति + अय। प्रति का अर्थ होता है 'साथ में, पर बाद में' और अय का अर्थ होता है 'चलने वाला'। अतः प्रत्यय का अर्थ होता है – साथ में, पर बाद में चलने वाला।

हिंदी में इकट्ठी वस्तुओं के संग्रह को आलय कहते हैं – पुस्तकों का संग्रह: पुस्तकालय, अख़बार और किताबों के पढ़ने वालों का जमावड़ा: वाचनालय, ग्रंथों का संग्रह: ग्रंथालय इत्यादि। इसी तरह और भी संधि-विग्रह हैं –

जहाँ मूत्र जमा होता है: मूत्र + आलय = मूत्रालय

हिम जमा होता है: हिम + आलय = हिमालय

चिकित्सा होती है: चिकित्सा + आलय = चिकित्सालय

भोजन + आलय = भोजनालय, देव + आलय = देवालय शब्द बने हैं।

इसी तरह एक आलय है जिसे हिंदी में शौचालय कहते हैं। वहाँ कौन-सी क़ीमती वस्तु जमा होती है, आप अभी जानते हैं। भारतीयों में ख़ुद का शौचालय एक ख़्वाब रहा है। इसे संडास, पाखाना या दिशाहार के नाम से भी जाना जाता है। अंग्रेज़ी के वाशरूम या बाथरूम से वास्तविकता का बोध नहीं

होता। इनसे ऐसा लगता है कि मनुष्य वहाँ कुछ धोने जाते हैं, जबकि वे धोते कुछ नहीं – उल्टा टिश्यू पेपर गंदा करके छोड़ आते हैं। जो कुछ वहाँ किया जाता है, वही सब यहाँ भी किया जाने लगा है। यहाँ धोना एक अतिरिक्त क्रिया है।

अंग्रेज़ी का यही चमत्कार है, हिंदी में जुगुप्सा पैदा करने वाले नाम, आंग्ल भाषा में आकर्षक हो जाते हैं। अनेक देसी शब्द अपनी इज़्ज़त अंग्रेज़ी की उतरन पहनकर ही बचाते हैं। न विश्वास हो तो पाइल्स, फिस्टुला, बास्टर्ड, पॉटी, शिट आदि का देशज उच्चारण करके आप अभद्रता की सीमा पार करते नहीं दिखेंगे।

भारतीय इतिहास की किताबों में दर्ज होगा – देश में 2014–2018 में संडास क्रांति हुई थी। प्रधान पेट साफ़ करने बार-बार विदेश जाते थे। देश में वापस आकर पाखाना बनवाते थे। विज्ञापन क्रांति के अग्रदूत अमिताभ बच्चन शौचालय के ब्रांड एंबेसडर हुआ करते थे। जब भी रेडियो खोलो, "पाखाना धुन" के साथ "ये है आकाशवाणी" सुनाई देता था। आधे घंटे में दस बार शौचालय क्रांति के सिद्धांत बताए जाते थे।

हर शौचालय में प्रधान की फ़ोटो लगाना ज़रूरी था। शौच के पहले और बाद, हाथ धोने से पहले फ़ोटो पर तिलक लगाया जाना अनिवार्य कर दिया गया था। शौच की पहली सफ़ाई के लिए जल हाथ में लेकर "ओम् नमो नमः" के तीन बार उच्चारण के बाद शौच शपथ लेनी होती थी।

देश के संडास मंत्री एक बार प्रेस कॉन्फ्रेंस कर रहे थे। एक भुखमरी से मारे गंवार पत्रकार ने उनसे प्रश्न पूछा कि – "जिस देश में लोगों को खाने के लाले पड़ते हैं, वहाँ शौचालय क्रांति पर हर साल 50 करोड़ खर्च करना कौन-सी बुद्धिमानी है? संडास तो करोड़ों के बना दिए, लेकिन उनमें पानी की व्यवस्था नहीं है – सफ़ाई कैसे होगी?"

मंत्री जी ने उत्तर दिया – "मित्र, क्रांति की शुरुआत में बहुत-सी दिक्कतें आती हैं। उनका सामना बहादुरी से किया जाएगा। आप निश्चिंत रहिए – आप पाखाना जाइए, आपको पानी मिलेगा। नहीं मिले तो सामने का पानी पीछे उपयोग – किफायती नुस्खा है।"

पत्रकार बोला – "जब खाने को ही नहीं है, तो पेट फ़ैक्टरी से निर्मित माल कैसे बाहर आएगा?"

मंत्री जी ने नारा दिया – "आप खाना खाइए – पाखाना जाइए!"

मंत्री जी के दल के कार्यकर्ताओं ने पीछे से आकर पत्रकार को – "आप मार खाइए – घर जाइए" कहते हुए संडास धुन के साथ पत्रकार की धुनाई शुरू कर दी। पत्रकार ने वहीं गंदगी फैला दी।

मंत्री जी ने भाषण जारी रखा – "ये प्रतिक्रियावादी कम्युनिस्ट पत्रकार लोग गंदगी फैलाकर शौचालय क्रांति को असफल करना चाहते हैं।" उन्होंने नारा दिया –

"देश झुकेगा नहीं – संडास रुकेगा नहीं!"

देश के प्रत्येक पेट्रोल पंप पर मंत्री जी की मुस्कराती फ़ोटो के साथ नारे लिखे पोस्टर लगाए गए –

"आप खाना खाइए – पाखाना जाइए,
देश झुकेगा नहीं – संडास रुकेगा नहीं!"

प्रधान शासक "मेक इन इंडिया" के अंतर्गत शौचालय का माल भारत में खाकर सशरीर निर्यात करके विदेशों में ले जाकर "हाजत से निजात" तकनीक से विदेशी मुद्रा कमा कर लाते थे। देश में चलित और पक्के शौचालयों के निर्माण के लिए प्रत्येक वर्ष बजट में 50 करोड़ रुपयों का प्रावधान किया जाने लगा था। शौचालय में 100% विदेशी संस्थागत निवेश खोल दिया गया था। शौचालय क्रांति से देशी सुअर भूखे मर रहे थे, और राजनीतिक सुअर फल-फूल रहे थे।

पेट्रोल की क़ीमत में इतना इज़ाफ़ा हुआ था कि लोगों ने वाहन से शहर घूमना बंद कर दिया था। पैदल चलते थे तो उनका पेट एक झटके में ऐसे साफ़ होता था, जैसे बजट में टैक्स बढ़ने से वेतनभोगी की जेब साफ़ होती थी। आम आदमी निस्तार हेतु हर कहीं नहीं बैठ सकते थे – ऐसे प्राकृतिक कृत्य के लिए पैनल्टी का प्रावधान था। पाखाना पेनल्टी से बजट घाटे को पूरा करके वित्तीय संतुलन बनता था।

प्रिंट और इलेक्ट्रॉनिक मीडिया के लोगों को शौचालय जाने की फ़ुरसत नहीं थी। शौचालय क्रांति के इतने सरकारी विज्ञापन आते थे कि बेचारे अपनी कुर्सी से उठ नहीं पाते थे। शौचालय की सुलभता के लिए सीट उनके पास लाना पड़ती थी। उनके दरबान सीट तैयार रखते थे – अंदर से पदास की हल्की सी आहट पाते ही सीट लेकर दौड़ पड़ते थे। उनकी सेक्रेटरी स्थानापन्न सीट की माक़ूल व्यवस्था करके रखती थी। गुजरात के मोरबी में सीट उद्योग नई ऊँचाइयों को छू रहा था। वहाँ के मज़दूरों को चौबीस घंटों में एक बार शौचालय जाने की अनुमति थी। सकल घरेलू उत्पाद में सीट उद्योग का हिस्सा बढ़कर एक प्रतिशत से ऊपर पहुँच गया था।

शौचालय क्रांति से परेशान होकर कुछ सज्जन मॉल में निस्तार को जाने लगे। केवल अंग्रेज़ी नाम रख देने से शौचालय वाशरूम नहीं बन जाता। इसके लिए साफ़-सफ़ाई और सुरुचिपूर्ण सजावट का ध्यान रखा जाना ज़रूरी है – जैसा आजकल के मॉल में दिखता है। यह अलग बात है कि उसके रखरखाव का खर्चा चीज़ों के मूल्यों में जुड़ा होता है।

कुछ होशियार क़िस्म के जीव वहाँ भी झाँसा देने में उस्ताद होते हैं। मई-जून की गर्मियों में सुबह ग्यारह बजे मॉल में घुसते हैं – निस्तार और पानी से फ़ुर्सत होकर सीधे शाम को निकलते हैं। मॉल जैसी व्यवस्था के लिए सेरामिक मिट्टी के पात्र, भरपूर पानी एवं लगातार साफ़-सफ़ाई की ज़रूरत होती है। वह भी पार्किंग शुल्क से पूरा किया जाता है।

इन झंझटों से मुक्ति का एक सरल हल वैदिक युग में ऋषियों ने निकाला था। भारतवासी सनातन सभ्यता के आरंभ से ही अपने घर और खेत के बगल की खाली ज़मीन दबाने में माहिर हैं। जिस सार्वजनिक भूमि पर व्यक्तिगत क़ब्ज़ा करना संभव न हो, उसे हम सार्वजनिक खुला मूत्रालय बना लेते हैं।

विस्तार, प्राकृतिक आबोहवा और मनोरम दृश्यावली – भारतीय संडास संस्कृति की ख़ूबियाँ हैं। संस्कृति विशेषज्ञ कहते हैं कि इन विशेषताओं के कारण यह पारंपरिक व्यवस्था वाशरूम से हर मामले में बेहतर ही होती है। इस तरह के खुले टॉयलेट सामाजिक सौहार्द के उदाहरण होते हैं क्योंकि सुबह-शाम सामूहिक रूप से इनके उपयोग के समय सामाजिक एवं पारिवारिक चर्चाएँ,

तथा मित्रों व प्रेमियों की भेंट भी हो जाती है। इसमें सांप्रदायिक विभाजन भी नहीं दिखता – बुर्का ड्रेस कोड भी नदारद रहता है।

बुर्का कोड से याद आया – अमृतलाल नागर ने "नाच्यो बहुत गोपाल" उपन्यास में मेहतर, भंगी और टट्टी शब्दों की उत्पत्ति के बारे में विस्तार से लिखा है।

पहले टट्टी को समझ लें। भारतीय समाज में निस्तार हेतु गाँव से बाहर खुले में जाने का रिवाज था। जब प्रयाग में कुंभ मेला भरता था, तब लाखों श्रद्धालु गंगा किनारे पहुँचते। उनके निस्तार हेतु बाँस की खपच्चियों की टट्टी लगाकर आड़ बना दी जाती थी। जब जाने वाले से पूछा जाता कि कहाँ जा रहे हैं, तो वह कहता – टट्टी जा रहा हूँ। इस प्रकार टट्टी शब्द चलन में आया।

इस्लामी काल में ऊँची जाति – अर्थात् राजपूतों – को मुसलमान बनने का एक अवसर दिया जाता था। यदि अवसर चूकते, तो उन्हें टट्टी साफ़ करने के काम में जोता जाता था। उस घृणित कार्य को करने में मितली आती थी, इसलिए उन्हें शराब – यानी मय – पिलाकर तर कर दिया जाता था। इस तरह उन्हें पहले मयतर, फिर बाद में मेहतर पुकारा जाने लगा।

कुछ मेहतर फिर भी उस काम को करने में कोताही बरतते थे, तो उन्हें भांग चढ़वाई जाती – और उन्हें भंगी कहा जाने लगा। इस प्रकार ऊँची जाति के मुच्छड़ – मूँछ मुड़ाकर मेहतर और भंगी हुए, लेकिन उन्होंने अपना धर्म नहीं छोड़ा। कम्युनिस्टों की भाषा में कहें तो – उन्होंने अफ़ीम नहीं छोड़ी।

खुले में निस्तार का देशी तरीक़ा समाजवादी और पारदर्शी है – जिसमें सब कुछ साफ़-साफ़ दिखता है। वाशरूम में यह सामाजिकता नहीं मिलती। आधुनिक वाशरूम इतना निजी होता है कि इसकी निजता को ठेस पहुँचाने वाले की निजी इज़्ज़त, नौकरी और सेहत खतरे में पड़ सकती है।

राजधानी में ऐसा एक वाकया हुआ कि एक बड़े साहब सहायकों के साथ अपने निजी कक्ष में बैठक कर रहे थे। निजी कारणों से बेचैन एक छोटा साहब उठा और बड़े साहब के कक्ष से अटैच टॉयलेट पर सर्जिकल स्ट्राइक कर आया। अपने निजी टॉयलेट की अस्मिता पर सीधा हमला बड़े साहब को पाकिस्तान की तरह अखर गया। मिज़ाज ऐसा बिगड़ा कि बैठक तुरंत

स्थगित हुई और सर्जिकल स्ट्राइक करने वाला वीर दो दिन बाद निलंबित हो गया।

सहायक यह भूल गया था कि साहब के निजी वाशरूम को सार्वजनिक शौचालय में तब्दील करना गंभीर कदाचरण है। यदि किसी बड़े अफ़सर को किसी कनिष्ठ को निलंबित करना हो, तो कारणों की कोई कमी कभी नहीं रहती। सेवा शर्तें अंग्रेजों के जाने के बाद से ही इतनी उलझी रखी गई हैं कि किसी को भी, कभी भी निलंबित और प्रोन्नत किया जा सकता है।

भारत में आम लोगों के लिए वाशरूम तो अभी दूर की कौड़ी है। हाँ, शहरों में सड़क किनारे सुलभ शौचालय अवश्य बना दिए गए हैं। नगर निगम ने अनेक जगहों पर बाहरी दीवारों पर फूलों की पेंटिंग बनवा दी हैं। अगर कोई उन्हें फूलों की प्रदर्शनी समझकर भीतर घुस जाए और भीतर बदबू से सामना हो, फिनाइल की गोलियाँ अनुपस्थित हों, पानी नहीं आ रहा हो – तो उसे समझ जाना चाहिए कि वाशरूम के मामले में आम आदमी अंग्रेज़ी में वही है जो बाहरी दीवारों पर हिंदी में लिखा है – यानी फूल।

नगर निगम के टॉयलेट में वाशरूम जैसी सुविधाओं की अपेक्षा रखने वाले को यह उपाधि मिलनी ही चाहिए। आम आदमी को शौचालय ही मिल जाए, काफी है – वाशरूम का सपना अभी दूर की कौड़ी है।

12

हिंदी सेवी विदेश यात्रा

साहित्यकारों की जमात में कुछ लोगों के पास अचानक एक संदेश आया कि हिंदी सेवक होने के नाते आपका चयन विश्व हिंदी सम्मेलन में भाग लेने हेतु हुआ है। इस अत्यंत गुप्त संदेश के मुताबिक़ दो दिन में तैयारी करके दिल्ली पहुँचना था। सरकारी काम चुपचाप, आनन-फानन में ही किए जाते हैं। विदेश जाने वालों की सूची में कुछ नाम ऐसे थे, जिनका हिंदी सेवा में कुछ विशेष योगदान नहीं था, जबकि उनसे अधिक दावेदार शहर में मौजूद थे। साहित्यकार जमात के कान खड़े होना स्वाभाविक था।

मंजे हुए व्यंग्यकार श्री विवेक भाई ने फेसबुक पर एक पोस्ट लिख दोस्तों से साझा की – "आप तो व्यंग्यकार हैं न? लोग तो यही कहते हैं। फिर आपको सरकारी जहाज में विदेश जाने का मौक़ा क्यों नहीं मिला? क्या अभी भी आपकी न्यूसेंस वैल्यू, सेंस वैल्यू से कम लगती है?"

मट्ठर दिमाग़ सोचने लगा – यह सेंस वैल्यू क्या होती है? सोचते-सोचते उसकी बुद्धि ड्रेस सेंस पर अटक गई। उसने सोचा, हो सकता है आप ज्ञान चतुर्वेदी जैसे फुलपेंट-शर्ट छाप आधुनिक व्यंग्यकार हों; आप शरद जोशी जैसे कुर्ता-पायजामा छाप मध्य युगीन व्यंग्यकार हों; आप हरिशंकर परसाई जैसे पुरातन धोती छाप व्यंग्यकार हों। परंतु इनके अंदर जो चड्डी होती है, उस छाप के होते तो जहाज पर झंडा लेकर जहान की परिक्रमा कर सकते थे। ड्रेस

सेंस सुधारना पड़ेगा। न्यूसेंस वैल्यू चड्डी खींचने से बनती है – उसे पहनने से तो आजकल आध्यात्मिक वैल्यू बढ़ती है।

हमारी संस्कृति एक महान सभ्यता से उद्भूत है। चड्डी पहनकर कुएँ पर खुले में नहाने से सभ्यता में चमक आती है। फिर पनघट पर नंदलाल की तरह पनिहारियों से घिरे खुले वातावरण में सरसों का तेल मलकर धूप सेंकने से सभ्यता ऐसी चमकती है जैसे पूजा का पुराना ताँबा लोटा – पुराने सड़े नींबू से रगड़-रगड़ कर धोने से – उसका ताँबिया रंग निखरता है।

अब आपने यह सब तो किया नहीं, और उल्टा उज्जैन के महाकाल कॉरिडोर में विदेश यात्रा का जाप कराकर इंदौरी पोहे में ताज़ा नींबू निचोड़कर फ़िजी यात्रा का ख़्वाब पालते बैठे थे।

सरकारी जहाज़ में उड़ना मज़ाक़ नहीं है।

उनकी मान्यताओं पर खरा उतरना पड़ता है। अभी सामने चुनाव है और आपको मज़ाक़ सूझ रही है। एक-एक सवारी चुन-चुन कर बिठानी पड़ती है। आप भी न, बड़े 'वो' हो – लोगों की दुखती रग पर हाथ रख देते हो। आप बारात लेकर तो गए हैं न? नज़दीकी रिश्तेदारों में से बाराती छाँटने में कितनी दिक़्क़त होती है!

बारात में फूफा की महत्ता से कौन नकार सकता है?

बारात संचालक फूफा तय करते हैं कि बारात में जाने वाला किस ब्रांड की चड्डी पहनता है। सभी ब्रांड निरस्त हैं – फूफा के ज़माने के खुर्राट दर्जी के हाथ से पुराने लट्ठा की पट्टेदार कपड़े की सिली चड्डी ही मुनासिब है। पट्टे भी शेर के रंग के होने चाहिए – पीले-सफ़ेद – क्योंकि उसी का सीना छप्पन इंच का होता है। चड्डी का घेरा भी छप्पन इंची होना चाहिए, जिससे चड्डीधारी को सत्ताधारी की तरह और भी कई तरह की दैनिक सुविधाएँ एवं रात्रिक़ालीन सहूलियतें उपलब्ध होती रहें।

ख़्याल रहे, दर्जी भी गुजरात का होना चाहिए। वह सिर्फ़ नाप ही नहीं लेता, बल्कि अन्वेषण ब्यूरो से भी तरीक़े से नपवा देता है। वह न सिर्फ़ सिलता ठीक है, बल्कि कटाई भी आयकर विभाग जैसी किफ़ायत से करता है।

पर यह ध्यान रहे – वह भाई पुराना गुजराती पटेल न हो, क्योंकि पुतला बनने के बाद उनकी पिक्चर उतर चुकी है, और कई नए आदिवासी ब्रांड बाज़ार में हैं, जो कभी चड्डी नहीं पहनते थे। अब चौराहों पर टंगे फ्लेक्स में उन्हें चड्डी पहनाई जा रही है – फिर भले ही उस चड्डी के अंदर अमेरिकन जॉकी कसी हो।

वोकल, लोकल और ग्लोबल का यह देसी-विदेशी कॉकटेल विदेशी फंड आकर्षित करता है। जी-20 की चौधराहट विदेशी निवेश के बटन खोलने से ही हासिल हुई है – वह भी चुनावी अभियान का हिस्सा है।

जिनकी जलती हो, जले। जब सत्तर सालों तक उनके दिल जले, तब किसी को चिंता नहीं हुई। अब वो किसी की चिंता क्यों करें?

ठीक है, आप उनके गुट में नहीं थे तो गुटनिरपेक्ष होते। लेकिन गुटनिरपेक्ष गुटों का भी तो अपना एक गुट होता है।

आपने कोई गुट बनाया होता, किसी गुट के उभरते नेता की चिरौरी की होती। अब दरियाँ तो नहीं उठाई जातीं – आपने कुर्सियाँ उठाई होतीं या खिसकाई होतीं। हिंदी तो समझते हैं न? कोई सेवा की है आपने हिंदी की?

हिंदी को सत्तर साल पहले लकवा मार चुका है। बेचारी सरकारी बिस्तर पर ही निस्तार करती है। आपने धारदार, धाराप्रवाह बोलते हुए उसके ड्रॉपर बदले होते, तो कुछ अवसर बन सकते थे। अब जो फ़िजी चले गए, उनके पीछे उनकी बचकाना बातों का रस लेकर उनके वापस आने की बाट जोह रहे हो – ताकि उनके घर पहुँचकर उन्हें बधाई देकर उनकी उपलब्धियों पर क़सीदे लिख सको।

उनसे सीखो –

किसका महिमामंडन कितना करना है, किसको कहाँ धोना है और कहाँ निचोड़ना है, कहाँ सुखाना है। किसे आगे बढ़ाना है और किसे आगे बढ़ने से रोकना है। जतन से बैठकर चर्चा करोगे कि किसका सिक्का चोखा है और कहाँ चलेगा, और किसका चोखा सिक्का खोटा सिद्ध करना है।

यदि आप इन सबसे ऊपर उठ चुके हो, तो घर में चुपचाप क्यों नहीं पड़े रहते?

दिमाग़ में बवासीर हो, तब ही इस तरह के विचार पनपते हैं। आपको किसी अच्छे बवासीर-भगंदर वाले बंगाली डॉक्टर से इलाज की दरकार है। वह डॉक्टर भी पुराना चड्डी छाप होना चाहिए – जो सुभाष चंद्र बोस को महात्मा गांधी से बड़ा स्वतंत्रता संग्राम सेनानी सिद्ध करने में सिद्धहस्त हो। वह बंगालन की जादूभरी बातों में न आए – नहीं तो आपका पत्ता फिर कट सकता है।

एक तो आप निकम्मे हो। आपने एक भी भागवत पारायण नहीं कराया। लोग तो भागवत पुराण लिए घूमते रहे। मुँह खुलता है तो प्रवचन करते प्रतीत होते हैं। कइयों का तो दावा है कि उन्हें ब्रह्म के दर्शन हो चुके हैं – जिसे वे 'गूँगे का गुड़' कहकर कन्नी काटने में उस्ताद हैं। संस्कृति का झंडा बाँस पर चढ़ाकर सबसे ऊपर फहराते रहे। बरसात में किन्हीं कारणों से गीला होकर चिपक गया, तो गरम प्रेस साथ में रखते थे। चिपका झंडा एक तो दिखता नहीं है, और दिखे भी तो भद्दा दिखता है। झंडा है तो लहराता दिखना चाहिए। यह सब तो आपने किया नहीं और फ़िजी का सपना पाले बैठे रहे।

गाँधी और सावरकर दोनों लंदन रिटर्न थे। पहले का समय बीत गया – जिसने कभी किसी से माफ़ी नहीं माँगी। दूसरे का समय बलवान है – जिसने लिखित माफ़ी माँगी थी। माफ़ी माँगना कोई ग़ैर-क़ानूनी थोड़े है! पहला मूर्ख था – जिसने नमक क़ानून तोड़कर डंडे खाए और खिलवाए थे। दूसरा बुद्धिमान निकला – जो माफ़ी माँगकर आराम की ज़िंदगी गुज़ार गया और अब भक्तों को सत्ता की मलाई चटवा रहा है। अब "हिंदी सेवी विदेश रिटर्न्स" पर मन मसोस कर खीझ निकालने की छोड़ो – उल्टा उनका स्वागत समारोह आयोजित करने की योजना बनाओ, ताकि अगली यात्रा की जुगाड़ बिठा सको। समय और समय की धार पहचानो। मूर्खों की तरह 'सच्चा व्यंग्यकार' का पट्टा गले में डालकर घूमने से फ़िजी क्या, सावरकर वाले काला पानी के किसी भी द्वीप पर यात्रा का जुगाड़ नहीं जमाया जा सकता।

13

मॉडर्न शादियाँ

आजकल की मॉडर्न शादियाँ घर से नहीं होतीं। सामुदायिक भवन भी उपयोग में नहीं लाए जाते। विकास प्राधिकरणों द्वारा करोड़ों रुपये खर्च करके बनाए गए सामुदायिक भवन अब चोरों-उचक्कों के ऐशगाह या गाय-बैलों और चौपायों के रोमांस स्थल बन चुके हैं – जो शादी-वग़ैरह के बग़ैर भी बहुत आनंदपूर्वक संतति में लगे रहते हैं। ये भवन शादी समारोह हेतु अब पूरी तरह बेकार हो चुके हैं।

कुछ समय पहले तक शहर के अंदर मैरिज हॉल में शादियाँ होने की परंपरा चली, परंतु वह दौर भी अब समाप्ति की ओर है। वर्तमान में मैरिज गार्डन का भारी चलन है या शहर से दूर महंगे रिसोर्ट में शादियाँ होने लगी हैं। घर के आँगन में मंडप और खाँम नहीं गाड़े जाते। न सिन्दौरा-सिन्दौरी की रस्म हेतु खनमिट्टी का रिवाज बचा है।

अब प्री-वेडिंग शूटिंग, मेहंदी की रस्म, हल्दी की रस्म, संगीत की रस्म मुख्य होती हैं – शादी की रस्म उतनी ज़रूरी नहीं रह गई है। गुलाब जामुन तो पहले ही चखी जा चुकी है – शादी को बस "शादी" कहलाना भर होता है।

पहले कहावत थी –

"शादी करना हँसी-ठट्ठा नहीं है, शादी करके देख और मकान बनाके देख।"

एक शादी करने में लड़की के बाप की उम्र दस साल कम हो जाती थी। पानी की तरह पैसा बहाना पड़ता था।

अब एक शादी में इतनी स्कॉच व्हिस्की बह जाती है कि पानी की ज़रूरत नहीं पड़ती। कुछ शादियों के निमंत्रण पत्र के साथ एक बॉक्स भेजा जाता है, जिसमें काजू, बादाम, पिस्ता के साथ ब्लैक लेबल स्कॉच की बोतल में 750 मिलीलीटर 'दवाई' होती है। पहले के दकियानूसी निमंत्रण पत्र पर हल्दी के छींटे होते थे, पीले चावल होते थे। अब के निमंत्रण पत्र के साथ स्मोकी व्हिस्की की ख़ुशबू होती है – बस, निमंत्रण पत्र खोलो और सुरूर में आना शुरू।

एक ज़माना था जब शादियाँ पहले होती थीं और सुहागरात बाद में। अब ज़माना बदलने लगा है। सहनिवासी मेल-मुलाक़ात में इक्विपमेंट टेस्टिंग पहले होती है, और कुछ मामलों में संयंत्र चालू करके टेस्टिंग रिपोर्ट भी ले ली जाती है। कुछेक मामलों में उत्पादन प्रक्रिया भी चालू हो जाती है। जब मामला नाज़ुक दौर में पहुँचने लगता है, तो शादी की तारीख़ तय कर ली जाती है।

शादी के कार्ड तीन तरह से छपते हैं – एक रिसेप्शन का, दूसरा बारात में जाने का, और तीसरा मेहंदी, हल्दी और संगीत-नृत्य की रस्म का। मेहमानों को भी तीन श्रेणियों में बाँटकर निमंत्रण पत्र भेजे जाते हैं।

प्री-वेडिंग एक बहुत खर्चीली विधा है। जिसका बजट एक लाख से शुरू होता है और पाँच लाख तक जा सकता है। दस तरह की ड्रेस, पाँच तरह की जूतियाँ, तीन तरफ़ की गाड़ियाँ – नदी, नालों, तालाबों, पहाड़ों, खेतों, खलिहानों पर लहराती रहनी चाहिए। फ़ोटोज़ और वीडियो को सेट करके तीन-चार फ़िल्में बनाई जाती हैं – जिनमें वर-वधू के रूप में फ़िल्मी दुनिया के कई जोड़े साकार होने चाहिए।

ये वीडियो शादी वाले दिन मुख्य शादी हॉल में चौबीसों घंटे फ़िल्मों की तरह चलते रहना चाहिए। लोग शादी की रस्मों को कम, इन फ़िल्मों को अधिक देखकर जलते-भुनते रहते हैं। जो माता-पिता अपनी लड़की को प्री-वेडिंग शूट की अनुमति नहीं देते – ऐसे बहुत से रिश्ते टूटने की ख़बरें भी

आए दिन आती रहती हैं। शादी के दो दिन पूर्व से ही रिसॉर्ट बुक कर लिया जाता है।

शादी वाले परिवार वहीं शिफ्ट हो जाते हैं। आगंतुक और मेहमान सीधे वहीं आते हैं और वहीं से विदा हो जाते हैं। जिसके पास चार पहिया वाहन है, वही जा पाएगा – दोपहिया वाहन वाले नहीं जा पाएँगे।

इसी हिसाब से बुलाने वाला निमंत्रण भेजा जाता है। जिन नज़दीकी रिश्तेदारों को न बुलाना हो, उन्हें निमंत्रण भारतीय डाक विभाग से भेजा जाता है – जो शादी होने के दस दिन बाद जाकर मिलता है। इससे उन्हें शादी में न बुलाने की झंझट से मुक्ति मिल जाती है।

आजकल निमंत्रण-पत्र भेजने की कई तरह की श्रेणियाँ रखी जाने लगी हैं – किसे सिर्फ लेडीज़ संगीत में बुलाना है, किसे सिर्फ रिसेप्शन में, किसे कॉकटेल पार्टी में, और किस वीआईपी परिवार को इन सभी कार्यक्रमों में। इस आमंत्रण प्रक्रिया में अपनापन की भावना का ख्याल रखना फ़िज़ूल है। अब सिर्फ़ 'मतलब साधने वाले' व्यक्तियों या परिवारों को आमंत्रित किया जाता है।

प्रत्येक परिवार अलग-अलग कमरे में ठहरता है। जिसके कारण दूर-दराज से बरसों बाद मिलने आए रिश्तेदारों से मिलने की उत्सुकता खत्म सी हो गई है। क्योंकि अब सब अमीर हो गए हैं, पैसे वाले हो गए हैं – मेल-मिलाप और आपसी स्नेह समाप्त हो चुका है। रस्म अदायगी के समय, मोबाइल से बुलाए जाने पर कमरों से बाहर निकलते हैं। हर कोई स्वयं को दूसरों से अधिक रईस समझता है। यही अमीरीयत का दंभ उनके व्यवहार से भी झलकता है। कहने को तो रिश्तेदार की शादी में आए होते हैं, परंतु अहंकार उन्हें यहाँ भी नहीं छोड़ता। वे अपना अधिकांश समय करीबियों से मिलने के बजाय अपने-अपने कमरों में ही गुज़ार देते हैं।

महिला संगीत में पूरे परिवार को नाच-गाना सिखाने के लिए महंगे कोरियोग्राफर 10-15 दिन की ट्रेनिंग देते हैं – कि कब भरा हुआ कूल्हा माधुरी दीक्षित की तरह गरिमापूर्वक मटकाना है, कब ऐश्वर्या राय की तरह कमर को गोल घुमाना है, और कब हेलन की तर्ज़ पर रह-चल चलानी है।

यह भी बताया जाता है कि दाँतों से ओंठ काटने की रस्म कब पूरी करनी है, या साड़ी का पल्ला ज़मीन पर लहराकर कब हाथ से इशारा करके बारातियों को लुभाना है।

मेहंदी रचाने के लिए आर्टिस्ट बुलाए जाते हैं, जिनकी फ़ीस दो हज़ार से पाँच हज़ार तक होती है।

उन्हें बुलाया तो दुल्हन या दूल्हे को मेहंदी लगाने को जाता है, लेकिन बाक़ी लुगाइयाँ भी कमर खोलकर तैयार हो जाती हैं। इस कारण से बुलाने वालों को बीस-पच्चीस हज़ार तक का चूना लग जाता है।

मेहंदी में सभी को हरी ड्रेस पहनना अनिवार्य होता है। जो नहीं पहनता, उसे हीन भावना से देखा जाता है – वह लोअर केटेगरी का माना जाता है। अब तो मेहंदी हाथ-पैर के अलावा पीठ-पेट पर भी रचाई जाती है। कुछ महिलाएँ वक्ष को भी सजाती हैं। वरपक्ष के लोग शिवलिंग की दही-दूध-शहद लेपन की तर्ज़ पर मेहंदी लेपन की रस्म अदायगी पर ज़ोर देते हैं। उनका कहना होता है कि – "कण-कण में ईश्वर का वास है, इसलिए किसी भी कण को छोड़ना ईश्वरीय इच्छा का अनादर है।" समस्त देह मेहंदी की मादक ख़ुशबू से सराबोर रहनी चाहिए।

फिर हल्दी की रस्म आती है। इसमें भी सभी को पीला कुर्ता-पाजामा पहनना या पीली साड़ी अथवा सलवार-सूट धारण करना अति आवश्यक होता है। यहाँ भी वही समस्या है – जो नहीं पहनता है, उसकी इज़्ज़त कम होती है। ये कपड़े हल्दी से पीले नहीं होते, बल्कि पहले से ही पीले खरीदे जाते हैं। पहले लोग फटे-पुराने कपड़े पहनकर हल्दी की रस्म निभाते थे। अब नए ट्रेंड में महँगे से महँगे नए कपड़े पहनने का चलन है – जिनमें आपके उठाव वाले सभी अंग निखर उठें और नाच-गाने में लोग आपके दीवाने हो जाएँ, परंतु हाथ लगाने से डरें। अगर हाथ लग जाए, तो "सॉरी" कहकर हल्का सा मुस्कुरा दें – ताकि लाइन मिलती रहे और टेम्परारी इश्क़ का मज़ा बदनाम हुए बग़ैर लिया जा सके। सभी पीले रंग में होते हैं, तो समझ नहीं आता कि कौन किसका क्या है।

इसके बाद बारात हेतु वर-निकासी होती है। इसमें अक्सर देखा जाता है – जो पंडित को दक्षिणा देने में एक घंटे तक बहस करते हैं, वही बारात न्योछावर में 5 से 10 हज़ार रुपये नाच-गाने पर उड़ा देते हैं। मदिरा बारात का अनिवार्य हिस्सा होती है। थोड़ी देर के लिए दूल्हा लेट हो जाए तो चलता है, लेकिन बारात लगने के दो घंटे पहले स्कॉच की बोतलें बारातियों के कमरों में पहुँचना अनिवार्य होता है। जहाँ बारात को रुकाया जाता है, उस होटल वाले को हिदायत दी जाती है कि चिकन डिश की निरंतर सप्लाई बनी रहे।

एक नई परंपरा भी शुरू हुई है – बैंड वाले के पास जो गाड़ी रहती है, उसमें सोमरस रखा जाता है।

बाराती बारी-बारी से उसके पास जाते हैं और मनपसंद गाने की धुन बजाने की हिदायत के साथ अपना 'काम' कर आते रहते हैं।

बारातियों को 'नागिन डांस' पर नीचे ज़मीन पर लेटकर हाँफना ज़रूरी होता है। गला सूखने पर फिर बैंड-बाजा-बारात क़िस्म का पेय, बाराती को तर कर देता है।

स्टेज पर वरमाला होती है। पहले लड़की और लड़के वाले – रिश्तेदार और मित्रगण – मिलकर हँसी-मज़ाक के वातावरण में वरमाला करवाते थे... आजकल स्टेज पर नक़ली धुएँ की धूनी छोड़ दी जाती है। दूल्हा-दुल्हन को अकेला छोड़ दिया जाता है। बाकी सब को दूर भगा दिया जाता है, और फिल्मी स्टाइल में स्लो मोशन में वे एक-दूसरे को वरमाला पहनाते हैं। साथ ही नकली आतिशबाज़ी भी होती है।

स्टेज के पास एक स्क्रीन लगा रहता है, जिसमें प्री-वेडिंग शूट की वीडियो चलती रहती है – जिसमें यह बताया जाता है कि शादी से पहले ही लड़की लड़के से मिल चुकी है, और कितने अंग-प्रदर्शन वाले कपड़े पहन कर कहीं चट्टान पर, कहीं बगीचे में, कहीं कुएँ पर, कहीं बावड़ी में, कहीं श्मशान में और कहीं नकली फूलों के बीच घूम-फिर चुके हैं।

बाराती और घराती का ठिकाना एक ही जगह होने से मंडप, द्वारचार इत्यादि रस्में अर्थहीन हो चुकी हैं।

बाराती और घराती को अलग करना कठिन हो गया है। सब एक ही स्टेज के सामने बैठते हैं और पीने-खाने का साथ-साथ मज़ा उठाते हैं। खाने-पीने के बाद सभी लोग होटल के कमरों में चले जाते हैं।

कन्यादान और फेरे (भाँवर) हेतु केवल दूल्हा-दुल्हन और उनके पालक ही बचते हैं।

रात गुज़रने के साथ ही "शादी हो गई" – ऐसा मान लिया जाता है।

14

रिटायर्ड लाइफ

आजकल सेवानिवृत्त होने के बाद सेकंड करियर का चलन है। सेवानिवृत्ति के नज़दीक आते-आते बड़े अधिकारियों की चिरौरी करने लगो, तो पाँच-दस सालों की नौकरी और मिलने की गुंजाइश रहती है।

जो बेचारे सेकंड करियर नहीं पा पाते, उनकी सेकंड इनिंग बिल्कुल अलग क़िस्म से बीतना शुरू होती है।

सरकारी या ग़ैर-सरकारी नियोक्ता द्वारा निष्प्रयोज्य – यानी 'सेवानिवृत्त' – हो जाने के बाद, तमाम सरकारी अधिकारियों एवं कर्मचारियों के सामने समय काटना एक विकट समस्या बन जाती है।

इस स्थिति का सामना करने के लिए लोगों ने तरह-तरह के उपाय और तरीक़े ईजाद किए हैं। कुछ कर्मठ ब्रांड के लोग तुरंत रामू काका की भूमिका में आ जाते हैं, और सबेरे उठकर कंधे पर तौलिया लटकाकर घर की सफ़ाई और रसोई के ज़रूरी कामों को निबटाने में जुट जाते हैं। बचे हुए दिन के समय में ये पत्नियों के लिए ड्राइवर की सेवाएँ मुहैया कराते हैं, और बाज़ार में ख़रीदारी और सिनेमा आदि दिखाने का कार्य बख़ूबी निबटाते हैं। ऐसे लोगों की पत्नियों ने पूर्व जन्म में अवश्य कुछ अच्छे कर्म किए होंगे, जिसके परिणामस्वरूप उन्हें यह सुखद स्थिति प्राप्त हुई है।

जो कल तक घर में नौकरानी की तरह जुती रहती थीं, वे कॉलोनी में महारानी ब्रांड बनकर स्त्री-आज़ादी की ब्रांड एंबेसडर होती हैं। नई पीढ़ी की

घरेलू और नौकरीशुदा नवयौवनाएँ उनसे प्रेरणा लेती हैं कि पति को कोल्हू में किस तरह जोता जाता है।

कुछ लोग ऐसे भी हैं, जो रिटायर होने के बाद एकाएक अत्यधिक धार्मिक हो जाते हैं। सुबह-शाम दो-दो घंटे विभिन्न मंदिरों में पूजा-पाठ और भजन-कीर्तन में अपना टाइम बिता लेते हैं – भले ही इसके पहले उन्होंने मंदिरों में कभी झाँका भी न हो, और भूल से भी कभी कोई पुण्य का कार्य नहीं किया हो। ऐसे लोग इस मनोभाव से ग्रस्त होते हैं कि उनके द्वारा किए गए सारे दुष्कर्म अब ख़ारिज हो रहे हैं। इस तरह के लोग पार्षदों और विधायकों के लिए कच्चा माल की तरह होते हैं – जिन्हें आजकल भागवत पुराण पारायण आयोजित करने हेतु भीड़ जुटाने में उपयोग किया जाता है। धार्मिक आयोजनों में इस तरह के लोग बड़े उपयोगी होते हैं। इनका उपयोग चंदा उगाही में भी किया जाता है।

एक अन्य कैटेगरी ऐसे रिटायर्ड लोगों की भी है, जिनके अंदर रिटायर होने के बाद अचानक वाल्मीकि, तुलसी और प्रेमचंद की आत्मा प्रवेश कर जाती है, और वे रातों-रात कवि या लेखक बनने की राह पर चल पड़ते हैं। ये लोग फेसबुक इत्यादि पर ऐसा गोबर फैलाते हैं कि उनके मित्रगण उनके इस काव्य-प्रदूषण से परेशान और हलकान रहते हैं, पर मजबूरी में वाह-वाह, अतिउत्तम, शानदार, अभूतपूर्व जैसे कमेंट्स देने को बाध्य रहते हैं।

कुछ ऐसे भी महानुभाव देखे गए हैं, जिनके भीतर राजनीति का कीड़ा सदैव कुलबुलाता रहता है। सेवाकाल के दौरान उन्हें यह भ्रांति हो जाती है कि वे जनता में बहुत पॉपुलर हैं, और रिटायर होते ही वे जोड़-तोड़ कर किसी पार्टी में पहुँच जाते हैं। वे चुनाव में कूदते ही धड़ाम से चित्त हो जाते हैं। तब उन्हें बमुश्किल भान होता है कि सेवा के दौरान की पूछ और इज़्ज़त, उनके पद के कारण – चमचों द्वारा फैलाया गया नकली आभामंडल – था। इस तरह के लोग किसी पार्टी ऑफ़िस के बाहर मूँगफली-चना खाते हुए अक्सर दिख जाते हैं।

रिटायर्ड बुज़ुर्गों का एक बड़ा वर्ग उन लोगों का भी है, जो परिवार में कदाचित् पूर्णतया अवांछित होते हैं। इसी कारण वे घर से बाहर निकलने का

एक नायाब तरीक़ा ढूँढ़ लेते हैं। प्रातः दस बजते ही ये स्वयं, और परिवार की तमाम बैंक पासबुकों को इकट्ठा कर किसी न किसी बैंक में घुस जाते हैं, और पासबुक की प्रविष्टियाँ कराने में ही दिन के डेढ़ बजा देते हैं। बैंक के वातानुकूलित माहौल का भरपूर आनंद लेते रहते हैं। ये लोग बैंक के कस्टमर से अधिक स्टाफ़ जैसे नज़र आते हैं और बैंक कर्मियों का जीना मुहाल कर देते हैं।

उपरोक्त सभी श्रेणियों के अलावा, भारी संख्या में रिटायरी लोगों की पसंदीदा जगह पड़ोस के पार्क होते हैं – जहाँ ये सुबह-शाम सैर के बहाने जुटा करते हैं और सरकार को गरियाने का अपना प्रिय कार्य सम्पन्न करते रहते हैं। लंबी-लंबी हाँकते हैं – हालाँकि इनमें से किसी ने भी अपने-अपने कार्यक्षेत्रों में कभी कोई सकारात्मक काम नहीं किया होता।

बहुत सारे हमारे रिटायर्ड भाईयों को ये सब काम बिल्कुल रास नहीं आते, और वे घर में ही अपना ज़्यादातर समय बिताना पसंद करते हैं। ऐसे लोगों के लिए उनके बेटे-बहुओं ने एक बड़ा उम्दा पासटाइम तलाश रखा है। वे इन्हें अपने छोटे बच्चे सौंपकर बेफिक्र ऑफ़िस, बाज़ार और सिनेमाघर निकल जाते हैं – और भाई जी तत्काल दादा पोज़ अथवा नाना पोज़ में आ जाते हैं और बच्चों के लिए अत्यंत उपयोगी और बहुमूल्य साबित होते हैं। जिनके बेटे-बेटियाँ कहीं विदेश में हैं, वहाँ जाकर भी ये लोग बेबी केयर की बेहतरीन सेवाएँ महीनों तक उपलब्ध कराते हुए कृतार्थ होते हैं।

कुछ ऐसे भी होते हैं, जिनके मुख-मंडल अब भी तेजस्वी एवं ओज से देदीप्यमान प्रकाश से चमकते दिखाई देते हैं। वे इस कारण, अनुभव का लाभ अर्जित करने वालों की भीड़ से घिरे रहते हैं – जो उन्हें मान-सम्मान और तोहफ़े से सम्मानित करते दिखाई देते हैं।

कुछ रिटायरी, अपने सेवाकाल के कारनामे सुनाने के लिए बगीचों में श्रोता तलाशते फिरते हैं – क्योंकि घरवाली तो ऊब चुकी होती है, और बेटा-बहू मोबाइल से ऊपर सिर तक नहीं उठाते। कुछ रिटायरी, कार्यालयीन फ्री चाय की तलब बुझाने पास-पड़ोस की नुक्कड़ चाय दुकान और पुराने यारों की तलाश में लगे रहते हैं... घर पर शुगर और उम्र का वास्ता देकर पाबंदी लग चुकी होती है।

15

टमाटर महिमा

पड़ोस के किचन से आवाज़ आई – "अम्मा, ये टमाटर खुले क्यों रखे हैं? किसी की नज़र लग गई तो सूखने लगेंगे।"

"बहू, सूखने तो लगे ही हैं। पिछले हफ़्ते एक पाव लाए थे। सब्ज़ी बनाते समय बस एक टमाटर कड़ाही को दो मिनट के लिए दिखा देते हैं – उन्हें डालने की सोचना तो दूर की बात है, उन्हें चाकू की नज़र से बहुत दूर रखते हैं, जैसे नेता लोग शुरू में अपने लड़के को राजनीति से दूर रखते हैं। और जब उनके टमाटर सड़ने पर उतारू हो जाते हैं, तो उनके लिए बेशर्मी से गिलगिली सीट से टिकट जुगाड़ते हुए शर्म भी नहीं आती।"

"हाँ अम्मा, टमाटर भले ही सूख जाएँ, सड़ जाएँ – उन्हें उपयोग नहीं करना है। जैसे एक बड़ी पार्टी का बुढ़ाता जा रहा नेता अनुपयोगी होकर सड़ता जा रहा है, और दूसरी पार्टी का बूढ़ा नेता बातें बनाकर, हाथ चला-चला कर टमाटरों पर जादुई हाथ घुमा रहा है।टमाटर आसमान पर उगता है – और इसके साथ मनों टनों बातों और विज्ञापनों की बाढ़ में पिलपिले टमाटर सड़ने लगे हैं।"

कल ही की तो बात है, जीतू की अम्मा ज़ोर-ज़ोर से जीतू से कह रही थी – "अरे टमाटर चटनी क्यों मांगता है? जितने पैसों में, करमजला, एक किलो टमाटर आता है, उतने में तो एक लीटर तेल का पैकेट आ जाएगा – जिसमें छोटे अक्षरों में लिखा रहता है – पैक करते समय वजन: 950 मिलीलीटर।

साथ में यह भी लिखा होगा – कोलेस्ट्रॉल फ्री पाउच!" तेल तो पूरा का पूरा कोलेस्ट्रॉल होता है, परंतु अब पाउच कोलेस्ट्रॉल-फ्री होने लगे हैं!

तथाकथित तेल में एक तो ख़ूब पूड़ियाँ और भजिए तल लो – और कड़ाही में बचे तेल से आलू-जीरा फ्राई कर लो। कड़ाही और झरिया में चिपके तेल से हाथ-पैर की मालिश निपटा लो। यदि टमाटर की ऊँची क़ीमतों से सिर दर्द हो, तो हाथों में लगे तेल से सिर की मालिश रामबाण औषधि है। फिर भी बच गया तो बाथरूम खोलकर नहाती घरवाली की पीठ में रगड़ दो – एक लीटर तेल से पेट से पीठ तक की सेवा की जा सकती है। फिर भी लोग न जाने क्यों टमाटर के पीछे पड़े हैं!

टमाटर 160 रुपये किलो बिक रहा है। देश का नेता क्या कर रहा है? टमाटरों को नियंत्रण में नहीं रख सकता और कहता है कि जनसंख्या नियंत्रण करेंगे। अब नेता को क्या टमाटरों को सँभालने का ही काम बचा है? देश और पार्टी के दुश्मनों को सँभालना भी तो बड़ा काम है। विरोधी नेता फ्लाइंग किस देता है – अभी-अभी मुश्किल से छूटा है, फिर हरकतें करने लगा। उसका ध्यान भी तो रखना पड़ता है। उधर मणिपुर में टमाटरों का नंगा नाच हुआ है, उस पर तो ध्यान दे नहीं पा रहे हैं।

भाई साहब, 540 सीटें हैं, तो क्या हुआ? एक-एक सीट का मिज़ान बिठाना पड़ता है। डबल इंजन सरकारें ख़ुद हिंसा बढ़ाने में मददगार हों तो वहाँ सेना की शांति स्थापना हेतु भेजना बेकार है। हिंसक लोग स्वयं थककर चूर हो जाएँगे। उसी तरह जनता को दो सौ रुपये किलो टमाटर ख़रीदवाकर, जब वही अस्सी में मिलने लगे, तो उन्हें वह बहुत सस्ते लगेंगे। फिर नेता कह देंगे – "हम जनता को महँगाई की चक्की में नहीं पिसने देंगे! लो जी, टमाटर अस्सी रुपये किलो पर आ गए!"

उस विरोधी नेता को भी टमाटरों की चिंता नहीं है। मणिपुर के पीछे संसद रोके पड़ा है। कहता है – "भारत माँ की हत्या हो गई है।" अरे भाई! तेरे परनाना कह गए हैं कि – "भारत माता हिंदुस्तानियों के दिलों में सर्वोच्च भाव है, जब तक एक भी हिंदुस्तानी ज़िंदा है, भारत माता का बाल बाँका भी नहीं हो सकता।"

टमाटर के अलावा और भी तो समस्याएँ हैं! एक सीमा मैडम, सीमा पार से बरास्ता नेपाल घुस आई है।

एक मासूम हिंदुस्तानी को फाँस, रोज़ वाहवाही लूट रही है। नेता जी का चेहरा इसके प्रचार में धुँधला पड़ने लगा है। सोचा जा रहा है कि उत्तर प्रदेश की पिच्छासी सीटों पर इसका क्या उपयोग किया जा सकता है। लौंडा नोएडा का है, मोहतरमा चार बच्चों को लेकर आई है। हिंदू भी हो गई है। हैदराबाद का एक नेता कह रहा है – "यह क्रॉस बॉर्डर लव जिहाद है।"

मैकडोनाल्ड वाले कहते हैं – टमाटर में कोई रोग हो गया है। कहे भी क्यों न – 300 का पिज़्ज़ा एक पर एक फ्री खिलाएँगे और उसमें भी 160 रुपये किलो का टमाटर डालेंगे? तौबा-तौबा, टमाटर रहने ही दो। निरोगी हो जाएगा, तब डालेंगे।

सब्ज़ियों का राजा आलू अपने हक़ के लिए आजकल लड़ाई कर रहा है – कहता है, "गूदे के हिसाब से मैं राजा हूँ।" तो दूसरी ओर टमाटर बोलता है – "भाव के हिसाब से मैं राजा हूँ।" आधी सब्ज़ियाँ टमाटर की ओर दौड़ रही हैं और आधी पुराने राजा की तरफ़दारी में हैं। कुछेक शांत बैठी हैं – जो जीतेगा, उधर जाकर सरकार में शामिल हो जाएँगी।

बारिश नहीं होने से कलुआ ने खेत पर हल चलाकर टमाटर बो दिए थे। उसकी क़िस्मत खुल गई।

अरे! यह बैंड-बाजा और इतने बड़े होटल बुक क्यों हो रहे हैं? तुम्हें पता नहीं? जिसकी शादी नहीं हो रही थी, उस कलुआ को ऐसी सुंदर लड़की मिली है कि पूछो मत! टमाटर ने उसके भाग खोल दिए हैं।

बड़ी सी गाड़ी में घूम रहा है, और उसने खेत के आगे कमांडो फोर्स लगा दी है। इसीलिए मणिपुर नहीं भेजे जा सके।

कल कोतवाली में एफआईआर दर्ज हुई है। घंसुके घर चोरी हो गई। पूछते हो – क्या चला गया?

चला क्या गया – कर्नाटक सरकार को समर्थन देने बेंगलुरु गया था, वहीं से टमाटर लाया था। चोरी हो गए। माल बरामद नहीं हुआ। पुलिस

कहती है – "क्या सेप्टिक टैंक से माल बरामद करें? और माल बरामद हो भी गया तो माल की निशानदेही कैसे होगी? टैग कैसे लगेगा? फिर माल का स्वरूप भी तो बदल गया है – कोर्ट में चोरी के टमाटर सिद्ध नहीं होंगे। कोर्ट हमें डाँट लगाएगी।"

घंसु पगला है – टमाटर लॉकर में काहे नहीं रखे? अरे भाई, लॉकर में ही तो रखवाने जा रहा था। अब उसे क्या पता था कि 'सर मुड़ाते ही ओले पड़ जाएंगे।' वह बैंक गया था। मैनेजर बोला – "डिपॉज़िट दो तो लॉकर देंगे।" धनस्सु ने कहा – "देव उठने के बाद शादी का मुहूर्त है। जब दहेज मिलेगा तब दुल्हन सहित डिपॉज़िट करवाएँगे।" ससुरा मैनेजर अड़ गया। धनस्सु को क्या पता कि चंबल और बीहड़ के डाकू उसके घर ही आ जाएंगे डाका डालने! बेचारा लुट गया।

उसकी पड़ोसन अपनी अम्मा को फोन पर बातें करते हुए बता रही थी – "टमाटर की चटनी बनाई है, टमाटर की सब्ज़ी बनाई है। महंगा हुआ तो हुआ करे, बिना टमाटर सब्ज़ी कहाँ बनती है! चुन्नू के पापा बिना टमाटर चटनी और सलाद के खाना ही नहीं खाते।"

उनकी बातें सुनकर हमारी आँखें खुली की खुली रह गईं। उन्होंने फ़ोन रखा ही था, तभी उनकी बिटिया ने किचन से आवाज़ लगाई – "अम्मा, ओ अम्मा! कब से लगी हो फ़ोन पर गपियाने? हमें बताओ – आधा टमाटर डालें कि आधे का आधा?"

पड़ोसन अम्मा ज़ोर से चिल्लाई –

"हम कोई का करोड़पति हैं जो टमाटर डाल दें? अरी ओ मुग़ले आज़म की अनारकली! अमचूर डाल दे आधी चम्मच – जंग लगे डब्बे में रखा है, समझी?"

"अम्मा, डब्बा नहीं खुल रहा।"

"अरी सुन, वो नहीं खुलेगा। तेरे बापू पिंचिस से खोल कर देख चुके। सुन, मेरा हैंडबैग ला ज़रा इधर।"

"कौन सा हैंडबैग लाऊँ? दसेक पड़े हैं – एक के ऊपर एक।"

"अरी, वो जिसे पिछली बार टूर पर लेकर सिंगापुर गए थे, तुझे याद है न? हाँ, वही – जिसमें होटल में मुफ़्त नाश्ता करते समय आठ-दस टोमैटो सॉस के पैकेट दबा कर रख लिए थे। उसमें से दो निकाल कर डाल दे।"

"अम्मा, सब्ज़ी मीठी हो जाएगी।"

"अरी, थोड़ा मिर्च पाउडर बढ़ा दे।"

हम सुनकर चुपचाप टमाटर की महिमा पर सोच में पड़ गए। हमारे दूसरे पड़ोस में छोटे की अम्मा हैं – वह तो जैसे ही सब्ज़ी घर में आती है, घर पर ताला डलवा देती हैं। चालीस रुपयों के चार टमाटर आए हैं – चार कमरों में रख दिए। पूरा घर टमाटर-मय अहसास कराता रहता है। इसका वीडियो बनाकर रील के रूप में सबको भिजवा दिया।

टमाटर आजकल गुस्से में रहने लगा है। हमारे पास के बाबूजी टमाटर ख़रीदने गए। गुस्से में लाल होकर टमाटर उन्हें देख रहा था। ऐसा लग रहा था जैसे कह रहा हो – "मौन बने रहते हो, देश की घटनाओं पर कोई प्रतिक्रिया नहीं देते?"

वे बेचारे क्या जवाब देते – भले ही यूनियन के लीडर हैं, पर उनके मुँह में तो दही जमा रहता है। अब बोलें भी क्या – नहीं तो पुलिस सिरहाने बैठ जाएगी, जान को ख़तरा है। पुलिस देखकर मोहल्ला वाले सोचेंगे कि हम टमाटर का मर्डर कर आए हैं, इसलिए टमाटर की तस्करी में जुटे हैं।

एक जेल में फाँसी पर चढ़ाने से पहले जज साहब ने अपराधी से पूछा – "कोई तुम्हारी आख़िरी इच्छा हो तो बता दो।" वह कहने लगा – "मुझको टमाटर की सब्ज़ी खिला दो।" जज साहब बोले – "हमें नसीब नहीं है, तो तुझे कैसे खिलवा दें? फाँसी निरस्त करो – जब टमाटर सस्ते होंगे तब चढ़ाएंगे।"

थोड़ी दूर पर एक नौटंकी वाले रहते थे। उसमें जो युवा था, वह कहने लगा – "कमाई का बहुत अच्छा ज़रिया है।"

जो बूढ़े बैठे थे, वे बोले – "कैसे? अब तो कोई नौटंकी देखने आता नहीं, लोग सिनेमा हॉल चले जाते हैं। बचा-खुचा टीवी पूरी कर देता है।"

"हम पूरे जोर-शोर से एडवर्टाइज़ करेंगे, और जब लोग इकट्ठा हो जाएंगे – हम अमीर बन जाएंगे।"

"वह कैसे?"

"हम नौटंकी शुरू ही नहीं करेंगे। और करेंगे भी, तो ऐसी जिसमें कोई मज़ा न आए। बस फिर क्या है – टमाटर फेंकना शुरू हो जाएंगे। और हम अमीर हो जाएंगे!"

एक बुज़ुर्ग बोला – "आइडिया तो अच्छा है।"

"चलो तो फिर नौटंकी शुरू करते हैं।" ढोल, नगाड़े, थाप के साथ बड़ी ज़ोर-शोर से नौटंकी शुरू हो गई। अब उनकी कितनी कमाई हुई – यह तो पता नहीं।

एक साधु कहीं जा रहा था। अपने शिष्य से बोला – "अंधेर नगरी चौपट राजा, टके सेर भाजी, टके सेर खाजा। बच्चा, आज टमाटर खाने की बड़ी इच्छा हो रही है।"

शिष्य सब्ज़ी की दुकान पर पहुँचा। बोला – "भैया, टमाटर क्या भाव?"

सब्ज़ी वाला – "कौन से भाव बताऊँ – ख़रीदने के, वीडियो बनाने के या देखने के?"

शिष्य – "ऐसा क्यों कह रहे हो?"

सब्ज़ी वाला – "सुबह से बीस लोग भाव पूछकर या तो टमाटरों को ध्यान से देख कर चलते बने, या इनका वीडियो बनाकर ले गए। कहते थे – आर्टिफिशियल इंटेलिजेंस का नया ज़माना है, काम हो जाएगा। एक भाई साहब तो वीडियो बनाकर ले भी गए। बीवी के कहने पर दुबारा आई-फ़ोन लेकर आए और ऐपल के साथ टमाटर का वीडियो बनाकर ले गए।"

16

फ़ेसबुकिया करनी-भरनी

ट्रिन ट्रिन – ट्रिन ट्रिन

हेलो, कौन बोल रहे हैं?

मैं बोल रहा हूँ यार, मैं।

मैं कौन?

अरे यार, तुम्हारा फ़ेसबुकिया दोस्त। पिछले महीने मरा हूँ। हम कभी नहीं मिले। कबड्डी की तर्ज़ पर फ़ेसबुक-फ़ेसबुक खेलते रहे हैं। मेरे मरने की पोस्ट मेरी पत्नी ने मेरे फ़ेसबुक खाते से डाली थी। भूल गए? मुझे भूल गए हो तो मेरी पत्नी को तो जानते हो न – जो आजकल मेरे सभी खातों की मालकिन बन गई है।

अरे... तुम? तुम्हारा तो पिछले महीने निधन हो गया था, फिर तुम कहाँ से बोल रहे हो?

दोस्त, मैं नरक से बोल रहा हूँ।

क्या? अभी नरक से बोल रहे हो, तो पहले कहाँ थे?

पहले नीचे के नरक में था। अब ऊपर के नरक में आ गया हूँ।

तुम नरक से बोल रहे हो? तुम तो निहायत नेक, सच्चे, मज़हबी आदमी थे। सुबह-शाम नियम से पूजा करते थे। साहब की चमचागिरी भी करते थे। बीवी को नाराज़ भी नहीं करते थे। फिर तुम्हें नरक में क्यों भेज दिया गया?

अरे यार, कल्याण पत्रिका में छपने वाले करनी-भरनी, पाप-पुण्य अब किसी काम के नहीं रह गए हैं। चित्रगुप्त ने फ़ेसबुकियों के लिए नया नरक बनाया है। मुझे फ़ेसबुक पर किए गए पाप के कारण नरक में जाना पड़ा। यहाँ आकर पता चला कि भगवान झूठ, चोरी, डकैती, अपहरण, बलात्कार और हत्या जैसे अपराध तो एक बार माफ़ भी कर देता है – लेकिन फ़ेसबुक पर किए गए अपराध की यहाँ कोई माफ़ी नहीं है। बहुत बारीक जाँच होती है, जैसे विरोधियों द्वारा पिन की ख़रीदी में सीबीआई जाँच बैठती है।

भगवान से मिलकर सच्चाई की दुहाई क्यों नहीं दी तुमने?

भगवान के दरबार में फ़ेसबुक के अपराधी को राजनीतिक विरोधियों की घृणा भरी नज़र से देखा जाता है। उसे नज़दीक नहीं आने दिया जाता और सब उसे राष्ट्रद्रोही कहते हैं। जो भी आता है, दो चपत लगाता है – जो भी जाता है, दो जूते लगाकर जाता है।

लेकिन फ़ेसबुक पर तुमसे ऐसा कौन सा पाप हो गया है जो शास्त्रीय पापों से अधिक घातक है?

पाप तो तब पता चलेगा जब सज़ा मिलनी शुरू होगी। अभी वेटिंग चल रही है। यहाँ बहुत सारे यातना गृह हैं। जिसके जैसे अपराध होते हैं, उन्हें वैसा ही दंड दिया जाता है। आज मैं दिन भर नरक में घूमता रहा और यहाँ के यातना गृह का नज़ारा देख कर घबरा गया हूँ।

तुमने क्या देखा, ज़रा बताओ ताकि मैं फ़ेसबुक पर दिन भर विचरते लोगों को सावधान कर सकूँ। जो हालत तुम्हारी हो रही है, वह दूसरों की न हो।

मैंने एक जगह देखा कि एक आदमी को 99 लोग मिलकर मार रहे हैं। मैंने उसका अपराध पूछा, तो बताया गया कि यह हर पोस्ट को 99 लोगों को टैग करता था। मना करने पर भी नहीं मानता था। एक दिन इसने फ़ेसबुक पर लिखा कि, "मैं अब से किसी को भी अपनी पोस्ट में टैग नहीं करूँगा", और उसी पोस्ट को भी इसने 9 बार 99 लोगों को टैग कर दिया।

एक स्थान पर मैंने देखा कि एक आदमी की आँखों पर पट्टी बाँध कर उसकी पिटाई की जा रही है। मैंने पूछा – "इसकी आँखों पर पट्टी क्यों बाँध

दी गई है?" तो बताया गया कि यह लोगों की पोस्ट पढ़ने के बाद भी उन्हें लाइक नहीं करता था, कमेंट नहीं लिखता था, जबकि फ़ेसबुक है ही लाइक और कमेंट के लिए। यह पोस्ट पढ़ कर भी 'न पढ़ने' का ढोंग करता था। किसी की अच्छी पोस्ट पढ़ता तो ईर्ष्या के कारण उसकी उपेक्षा करता, और उसी समय लगातार अन्य लोगों की कमज़ोर पोस्ट पर टिप्पणियाँ कर, अच्छी पोस्ट वाले को चिढ़ाता था।

एक मैदान में मैंने देखा कि कुछ लोग कान पकड़ कर उठक-बैठक कर रहे हैं। जब भी वे थक कर ज़रा सुस्ताते, तो उनकी पीठ पर कोड़े मारे जाते। मैंने एक अधिकारी से पूछा – "ये कब से इस तरह कान पकड़ कर उठक-बैठक कर रहे हैं?" तो उसने बताया – "इन्हें ऐसा करते दो साल हो चुके हैं। अभी और कितने वर्षों तक करेंगे, इस संबंध में किसी भी प्रकार का आदेश प्राप्त नहीं हुआ है।"

मैंने पूछा – "ये कौन हैं और इनका अपराध क्या है?" तो उस अधिकारी ने बताया – "ये एक वरिष्ठ साहित्यकार थे। खूब लिखते, खूब छपते और खूब पढ़े जाते थे। पर ये फ़ेसबुक पर लॉग-इन तभी करते जब इन्हें कोई पोस्ट करनी होती। पोस्ट करते ही ये लॉग-आउट कर जाते। दूसरों की पोस्ट से ये हमेशा दूरी बनाए रखते, और कनिष्ठों का तो बाकायदा उपहास भी उड़ाते थे।"

मैंने कोड़ों की सरसराहट में किसी की पीड़ा से कराहने की आवाज़ सुनी। मैं उस दिशा में भागा। वहाँ का दृश्य देख कर मैं सिहर गया। कुछ आदमियों को ज़ंजीरों से जकड़ा गया था और उनकी नंगी पीठ पर कोड़े मारे जा रहे थे। एक आदमी उनके ज़ख्मों पर नमक-मिर्च छिड़क रहा था। उन्हें देखकर तो मेरी बोलती ही बंद हो गई। मैंने बहुत कोशिश की, तब जाकर मुँह से शब्द निकले और मैंने वहाँ के एक कोड़ा मारने वाले दैत्य से पूछा – "इन्हें किस गुनाह की सज़ा दी जा रही है?"

उसने बताया कि ये लोग जीवन भर फ़ेसबुक पर साम्प्रदायिक पोस्ट ही करते रहे थे। जब भी कोई त्योहार आता, तो ये अपनी दो कौड़ी की घटिया मानसिकता की पोस्ट लिए आ जाते और सवाल करते – "दीवाली

पर कितने मुसलमानों ने हिंदुओं को बधाई दी?" ईद आती, तो पोस्ट पर सवाल करते – "आज मुसलमानों को कितने हिंदू मित्रों ने मुबारकबाद दी?" फिर योजनाबद्ध तरीक़े से इनके संगठन के लोग उस पोस्ट पर टिप्पणी शुरू करते और साफ़-सुथरी फ़ेसबुक को मैला कर देते। ये घटिया लोगों की ही फ्रेंड रिक्वेस्ट स्वीकार करते और घटिया लोगों को ही मित्र अनुरोध भेजते थे। दीवाली और ईद जैसे त्योहार फ़ेसबुक पर कितने सौहार्दपूर्ण वातावरण में मनाए जाते हैं – इन्हें क्या मालूम।

तभी मेरे बाज़ू से एक आदमी दौड़ते हुए भागा, और उसके पीछे उसको पकड़ने के लिए पाँच-छह लोग और भागे। मैंने उसके पीछे दौड़ रहे एक व्यक्ति को रोककर पूछा – "इसको क्यों पकड़ रहे हैं, और ये क्यों भाग रहा है?" उसने बताया – "इसे दौड़ाना ही इसकी सज़ा है। यह आठ महीने से लगातार दौड़ रहा है और हम इसके पीछे भाग रहे हैं – यह देखने के लिए कि यह दो मिनट के लिए भी रुककर आराम न कर ले। अगर यह सुस्ताने के लिए रुकता है, तो हम इसके पैर में गरम सरिया घुसा देते हैं।"

सुनकर मैं सकपका गया और पूछा – "इससे ऐसा क्या अपराध हो गया?"

तब मुझे बताया गया – "यह फ़ेसबुक से अच्छी-अच्छी रचनाओं को कॉपी कर अपने नाम से पोस्ट कर देता था। अक्सर यह किसी के अच्छे विचार में शब्दों का हेरफेर करके उसे अपनी मौलिक पोस्ट के रूप में डालता था और वाहवाही बटोरता था... चोट्टा कहीं का।"

अभी मैं उसके बारे में विचार कर ही रहा था कि कहीं से बदबू का ऐसा झोंका आया कि सांस लेना भी मुश्किल हो गया। मैं उस दिशा में बढ़ा तो एक कमरे के पास पहुँचा। खिड़की से झाँका तो देखा कि अंदर एक बहुत विशाल गड्ढा है और उसमें मैला भरा हुआ है। एक आदमी मैले में कंधे तक डूबा बीचोबीच खड़ा है। सिर्फ़ उसका मुंह दिखाई दे रहा है। दंड के इस अहिंसात्मक स्वरूप ने मुझे अंदर तक हिला दिया। मुझे उस पर तरस आने लगा। मैं सोचने लगा – इससे ऐसा कौन-सा पाप हो गया जो इसको इतनी भयंकर सज़ा दी जा रही है?

मैंने वहाँ के सेक्शन-मैनेजर से पूछा – "इसका गुनाह क्या है?"

सेक्शन-मैनेजर ने बताया –

"यह फ़ेसबुक पर सिर्फ़ महिलाओं की पोस्ट पर ही लाइक मारता और कमेंट करता था। पुरुषों की पोस्ट से इसे सख्त नफ़रत थी। पुरुषों की अच्छी से अच्छी कविता, लघुकथा, व्यंग्य-रचना, ललित निबंध और महत्वपूर्ण सूचनाओं पर यह नज़र भी नहीं डालता था। लेकिन कोई महिला अपने कुत्ते-बिल्ली या तोते की फोटो भी शेयर कर देती, तो यह तुरंत लाइक करता और कुत्ते-बिल्ली की शान में कसीदे पढ़ने लगता।

कोई महिला अपने बनाये पकोड़े की फोटो डाल देती, तो यह फोटो देखकर लंबा-चौड़ा कमेंट लिख देता – 'ऐसे भजिये तो बस आप ही बना सकती हैं। वर्तमान समय में भजिये बनाने से ही व्यवस्था में बदलाव आएगा। यह भजिया बुंदेलखंडी भजिया नहीं बल्कि दिल्ली कूच की क्रांति का प्रतीक है।'

इसको भजिये की फोटो में महिला सशक्तिकरण की खुशबू भी महसूस होने लगती। वह पकौड़ा और भजिया में शास्त्रोक्त भेद बताता। महिला के पकौड़े को 'पकौड़ा और भजिया के बीच की चीज़' बताकर नवाचार क्रांति की जननी सिद्ध करता।"

फिर अंत में स्वर्गीय मित्र ने कहा –

"भाई, फ़ेसबुक पर ईमानदारी निहायत ही ज़रूरी है। मैंने तुम्हें सिर्फ़ इसलिए फ़ोन किया कि अभी तुम्हारे पास समय है। तुम खुद और अपने इष्ट मित्रों, रिश्तेदारों, पड़ोसियों को यह मैसेज फ़ॉरवर्ड करो और अपील करो कि – प्लीज़, इतने अच्छे माध्यम का सही इस्तेमाल करो... इसका सत्यानाश न करो।

नहीं तो नारकीय यातनाओं के लिए तैयार रहो।"

17

नाड़ा शास्त्र

मैं भारतीयों के उपयोग की एक अत्यावश्यक वस्तु हूँ। मेरी उत्पत्ति मानव और मानवी के अत्यावश्यक, शक्तिशाली अंग को ढँकने के लिए हुई थी। ईश्वर के बनाए वे अंग इतने शक्तिशाली हैं कि यदि उन्हें कुछ हो जाए तो संपूर्ण सृष्टि ख़तरे में पड़ सकती है। जब इतने आवश्यक अंगों की सुरक्षा मेरे ज़िम्मे हो, तो मेरा मज़बूत होना लाज़िमी है। लेकिन लोग मुझे छुपाकर उपयोग करते हैं। मुझे अभिव्यक्ति की आज़ादी नहीं है। मैं व्यक्त नहीं हो सकता हूँ।

एक नेता जी आमसभा में जा रहे थे। कलफ़ किया कड़कदार कुर्ता, टोपी और पजामा पहने थे। मैं पजामे की नेहरी में डला था। पजामे में कलफ़ बहुत अधिक होने से कपड़े से चिपक गया था, तो अच्छी तरह से खींचा नहीं जा रहा था। उन्होंने किसी तरह मुझे बाँध तो लिया, लेकिन मुझे अंदर अटकाना भूल गए। जब आमसभा के मंच पर खड़े हुए, तो लोग तालियाँ बजा-बजा कर हँसने लगे। पहले तो वह समझे कि तालियाँ बजाकर उनका स्वागत किया जा रहा है। लेकिन जब लोग और भी हँसने लगे और कहने लगे – "जो नाड़ा भी ठीक से नहीं सँभाल सकता, वह देश को क्या चलाएगा?" – तब मुझे मेरी हैसियत समझ आई कि मैं केवल विशिष्ट अंगों को आवरण देने भर के काम का नहीं हूँ, बल्कि देश चलाने का पैमाना भी तय कर सकता

हूँ। मेरी भी एक राजनीतिक उपयोगिता है। कोई नेता नाड़े का ढीला हुआ, तो समझो उसका कैरियर ख़तरे में है।

मैं एक आवश्यक और महत्वपूर्ण वस्तु हूँ, उसके बावजूद लोगों का ध्यान मेरी तरफ आकर्षित नहीं होता, क्योंकि मैं छुपा हुआ रहता हूँ। जिस तरह से नींव के पत्थर दिखाई नहीं पड़ते, लेकिन महल के कंगूरे दिखाई पड़ते हैं और लोग कंगूरों की ही तारीफ़ करते हैं, उसी तरह शरीर पर पहने गए जो वस्त्र दिखाई देते हैं, उन्हीं की खूब प्रशंसा होती है।

"अरे यार! क्या खूबसूरत शर्ट है, कपड़ा कहाँ से लिया? खूब जँच रही है तुम्हारे ऊपर!"

पहनने वाला फूल कर कुप्पा हो जाता है। लेकिन इससे ठीक विपरीत, मेरा क्या हाल होता है? जो मेरा उपयोग करते हैं, वे इस बात का पूरा प्रयत्न करते हैं कि मैं किसी को दिखाई न पड़ जाऊँ। यदि मैं दिख गया, तो वह व्यक्ति अक्सर हास्य का पात्र बन जाता है।

यदि कोई उसका दोस्त या परिवार का हुआ, तो कान में जाकर फुसफुसाएगा – "तुम्हारा नाड़ा दिख रहा है।" और वह मुझे छुपाने के लिए एकांत या टॉयलेट ढूँढने लगता है। मेरा दिल टूट जाता है। मैं ही तो पायजामा या सलवार सँभाले हुए रहता हूँ, जिनकी प्रशंसा होती है। मगर अपना-अपना मुक़द्दर है। मैं अपने मन को समझा लेता हूँ – जैसे गुप्त दान होता है, वैसे ही मुझे भी अपनी उपयोगिता गुप्त ही रखनी है। मैं पार्टियों में भ्रष्ट चंदे की तरह लोगों का कल्याण ही कर रहा हूँ। इसलिए जब लोग मेरा उपयोग करते हैं, तो बहुत सावधानीपूर्वक करते हैं। उपयोग के बाद मुझे अच्छी तरह से अपने अधोवस्त्र में छिपा लेते हैं।

कभी-कभी मुझे इस बात का दुख होता है कि मैं इतना अधिक आवश्यक और महत्वपूर्ण वस्तु होने के बाद भी लोग कहीं मेरा उल्लेख भी नहीं करते – कि कहीं मेरा नाम लेना उन्हें हास्य का पात्र न बना दे।

मुझे बाँध लेते हैं अपनी कमर में, अपने अधोवस्त्र में – चाहे वह महिलाओं का पेटीकोट हो या पुरुषों का पायजामा। मगर सबसे पहले बाँधने के बाद उन्हें मुझे छुपाने की जल्दी होती है। क्योंकि मैं कमर के अधोवस्त्र में

डालकर उपयोग किया जाता हूँ, इसलिए लोग मुझे 'कमरबंद' कहते हैं। गाँव के लोग या क्षेत्रीय भाषा का प्रयोग करने वाले 'नाड़ा' कहते हैं। वे मुझे छिपाते भी हैं और मेरा सबसे अधिक उपयोग भी करते हैं।

मैं इतना उपयोगी हूँ कि मेरा अन्य प्रयोग भी लोग करते हैं। आवश्यकता पड़ने पर मैं रस्सी का काम भी करता हूँ, और यदि बोरी को बाँधना हो, तो मुझे खींचकर बोरी के मुँह पर बाँध देते हैं। कहीं कपड़े सुखाने की ज़रूरत हो, तो मुझे बाँधकर ऐसे ही काम चला लेते हैं।

उसके बाद भी मेरी इस तरह की उपेक्षा होती है, तो बहुत कष्ट होता है। मेरी जगह आप अपने को रख कर देखो, तब मेरा दुख-दर्द आपको समझ में आएगा। पहले तो लोग साड़ी की किनारी को निकालकर उसका उपयोग मेरे रूप में कर लेते थे। धीरे-धीरे जिस रंग का अधोवस्त्र होता, उसी रंग का मुझे सिला जाने लगा।

गाँव की बालिकाएँ जब खाली समय में होती हैं, तो वे मुझे बुनने का कार्य भी करती हैं। रील के धागे समाप्त होने पर वे सुतली से बुनाई करती रहती हैं।

अब मैं आपको मेरी साहित्यिक महत्ता बताता हूँ। एक मियाँ ग़ालिब हुए हैं, जिनके ज़माने में मुझे इज़ारबंद नाम से बुलाया जाता था। अंदर वाले भाई साहब को थोड़ा ढीला रखने हेतु एक कमरबंद के नाम से मुझे ऊपर भी बाँधा जाता था। इज़ारबंद में गिरह लगाने का मतलब होता था – किसी बात को याद रखने का अमल।

निकल के ग़ैब से अश्आर जब भी आते थे,
इज़ारबंद में 'ग़ालिब' गिरह लगाते थे।

ग़ालिब की आदत थी कि जब रात को शेर सोचते थे, और जब शेर मुकम्मल हो जाता था, तो इज़ारबंद में एक गाँठ लगा देते थे। सुबह जाग कर इन गाँठों को खोलते जाते थे और इस तरह याद करके शेरों को काग़ज़ के सीने पर उतारते जाते थे। उन्होंने मेरी कसावट और ढिलाई पर एक शेर कहा था–

हुई मुद्दत कि ग़ालिब मर गया पर याद आता है,
वो हरेक बात पे कहना कि यूँ होता तो क्या होता।

इज़ारबंद से ग़ालिब का रिश्ता अजीब शायराना था। इज़ारबंद दो फ़ारसी शब्दों से बना हुआ एक लफ़्ज़ है– इसमें इज़ार का अर्थ होता है फुँदना और बंद यानी बाँधने वाली रस्सी। लखनऊ की चिकन, अलीगढ़ की शेरवानी, भोपाल के बटुवों और राजस्थान की चुनरी की तरह ये इज़ारबंद भी बड़े कलात्मक होते थे।

हिंदुस्तानी में इसे कमरबंद कहा जाता था। ये इज़ारबंद मशीन से नहीं, बल्कि हाथों से बनाए जाते थे। औरतों के इज़ारबंद मर्दों से अलग होते थे। औरतों के लिए बने इज़ारबंद में चाँदी के छोटे-छोटे घुँघरू भी होते थे और इनमें सच्चे मोती भी टाँके जाते थे।

ये इज़ारबंद आज की तरह अंदर उड़स कर छुपाए नहीं जाते थे। पुरुषों के कुर्तों या महिलाओं के ग़रारों से बाहर लटकाकर दिखाने के लिए होते थे। पुरानी शायरी में, ख़ासतौर पर नवाबी लखनऊ में, प्रेमिकाओं की लाल चूड़ियाँ, पायल, नथनी और बुंदों की तरह इज़ारबंद भी सौंदर्य के बयान में शामिल होता था।

इस एक शब्द से 'मुग़ल क्लासिक पीरियड' में कई मुहावरे भी तराशे गए, जो उस ज़माने में इस्तेमाल होते थे। ग़ालिब तो रात के सोचे हुए शेरों को दूसरे दिन याद करने के लिए इज़ारबंद में गिरह लगाते थे, और उन्हीं के युग में एक शायर नज़ीर अकबराबादी इसी इज़ारबंद के सौंदर्य को काव्य-विषय बनाते थे।

इनमें कुछ यूँ हैं–

'इज़ारबंद की ढीली' उस स्त्री के लिए इस्तेमाल होता है जो चाल-चलन में अच्छी न हो।

वफ़ा नहीं ख़ून में शामिल तो वो करेगी जफ़ा,
इज़ारबंद की ढीली से क्या उम्मीद-ए-वफ़ा।

'इज़ारबंद की सच्ची' से मुराद वह औरत है जो नेक हो, वफ़ादार हो। इस मुहावरे का शेर इस तरह है–

अपनी तो यह दुआ है यूँ दिल की कली खिले,
जो हो इज़ारबंद की सच्ची, वही मिले।

मुझसे पूछो तो उस समय इज़ारबंदी की ईमानदारी औरतों के ज़िम्मे थी। पुरुषों के इज़ारबंद हमेशा ढीले ही होते थे, ताकि वक़्त-ज़रूरत पाजामा खिसका कर ज़रूरी काम निपटाया जा सके। मेरी एक नए तरीक़े से उपेक्षा होने लगी थी। जब पट्टेदार कपड़े की चड्डियाँ चलन में आईं, तो मर्द इतनी ढीली चड्डियाँ सिलवाने लगे कि उन्हें नाड़ा खोलने की ज़रूरत ही नहीं पड़ती थी।

इज़ारबंदी रिश्ते के मानी भी रखती है– ससुराली और पत्नी के मायके की तरफ़ का रिश्ता। यानी मियाँ-बीवी के इज़ारबंद साथ-साथ खुलते थे। मियाँ-बीवी बड़े नज़ाकत से एक-दूसरे के इज़ारबंद खोलते थे। बाँधने का ज़िम्मा ख़ुद का होता था।

घरों में दूरियाँ पैदा जनाब मत कीजे,
इज़ारबंदी– ये रिश्ता ख़राब मत कीजे।

'इज़ार से बाहर होने' का अर्थ होता है – ग़ुस्से में होश खो देना।

पुरानी दोस्ती ऐसे न खोइए साहब,
इज़ारबंद से बाहर न होइए साहब।

जो लोग मुझे बहुत कसकर बाँधते हैं, और जब उन्हें उबासी आती है या वे खाना बहुत अधिक खा लेते हैं, पेट जब फूलता है, तो मेरी अपनी सीमा समाप्त हो जाती है और आखिरकार मुझे बीच के दो हिस्सों में टूटना पड़ता है। तब पजामा सरकने का डर रहता है। उधर से पिन माँगते घूमते हैं – "ज़रा पिन दे दो, पिन दे दो, कान खुजाना है।"

“ठीक है, पर पजामा क्यों पकड़े हो? क्या कान नीचे शिफ्ट हो गया है?”

“नहीं यार, नाड़ा टूट गया है।”

“तो कान क्यों खुजाओगे? लो पिन, नाड़े में डालो।”

आजकल कुछ ऐसे लोग भी हो गए हैं जिन्हें बाँधने में कष्ट होता है, तो वे अपने अधोवस्त्र में इलास्टिक डलवा लेते हैं, ताकि मुझे बाँधने का झंझट ही ख़त्म हो जाए – ना रहेगा बाँस, ना बजेगी बाँसुरी! न तो बाँधना पड़ेगा और न लटकने का डर रहेगा। लेकिन वे यह भूल जाते हैं कि इलास्टिक भी ढीली हो जाती है। उस समय फिर मेरा ही उपयोग करते हैं – मुझे ऊपर बाँध लेते हैं। यदि मैं नहीं मिला, तो वे पैंट का बेल्ट निकालकर बाँधते हैं।

प्राचीन समय में राजा-महाराजा की रानियों के लहंगों में मुझे इतने सुंदर रूप में बाँधा जाता था कि देखने लायक होता था। सोने के तार से रेशम में बुना हुआ मैं बड़े ठाठ से उनके लहंगों में रहता था और उनकी शोभा को और भी बढ़ा देता था। लेकिन जैसे ही राजे-महाराजे गए, रेशमी नाड़े भी चल दिए।

आज भी कहीं-कहीं जहाँ रंगमंच पर नाटक होते हैं, वहाँ राजा के वस्त्रों में मुझे अब भी बहुत सुंदर तरीक़े से बाँधकर उपयोग किया जाता है।

कुछ महिलाओं ने पेटीकोट बिल्कुल कमर की नाप का सिलवाना शुरू कर दिया है और उसमें सिर्फ़ बटन लगवा लिया। उन्होंने तो जैसे मेरा पूरी तरह से बहिष्कार ही कर दिया। लेकिन बहनों, एक दिन मेरी ही ज़रूरत पड़ेगी – क्योंकि जब बटन टूट जाएगा, हुक अचानक उखड़ जाएगा, उस समय तुम्हें मुझे ही याद करना पड़ेगा।

कुछ लोग ऐसे कंजूस होते हैं कि 10 टुकड़ों को जोड़कर अपनी कमर का नाड़ा बना लेते हैं। अब बताइए, वो जो गांठें हैं, कहीं न कहीं कमर में चुभेंगी ही – तो बार-बार पजामा या पेटीकोट को ऊपर-नीचे खिसकाते रहेंगे। लेकिन नया नाड़ा लाकर नहीं डालेंगे, जबकि मैं सबसे आवश्यक वस्तु हूँ। मुझे सबसे मज़बूत और सुंदर होना चाहिए।

लेकिन नहीं – क्योंकि मैं दिखाई नहीं देता, इसलिए जो चाहे सो बाँध लो। कोई सफेद पजामे के ऊपर काला नाड़ा बाँध लेता है, तो कोई लाल नाड़ा। ज़रा सोचो, सफेद पजामे पर जब लाल नाड़ा लटकेगा तो क्या सुंदर लगेगा?

मैं एक चेतावनी और दे रहा हूँ – मुझे ख़रीदते समय इस बात का ध्यान रखना कि सूत का रंग पक्का हो, नहीं तो धोते समय मेरा रंग छूटेगा और आपका पजामा या पेटीकोट किसी और ही रंग में रंग जाएगा।

एक आधुनिक स्त्री दूसरी स्त्री से पूछ रही थी – "बहन जी, मॉल में जाकर नाड़ा माँगने में बहुत शर्म सी लगती है। वे तो कंडोम की तरह दिखाई भी नहीं पड़ते कि देखकर माँग लो।"

दूसरी ने कहा – "इसमें कौन-सी बड़ी बात है! आप न्यू मार्केट जाया कीजिए, वहाँ छोटे-छोटे बच्चे आपको नाड़ा बेचते हुए मिल जाएँगे। जबरदस्ती एक की जगह दो नाडों का बंडल दे देंगे। आपको कुछ कहने की ज़रूरत ही नहीं पड़ेगी – सिर्फ अपनी जेब खाली करनी पड़ेगी।"

कभी-कभी मेरे कारण आपस में दुश्मनी, झगड़े और नोकझोंक भी हो जाती है। अगर किसी के पजामे में से मैं बाहर झाँक रहा हूँ तो दूसरा हँसने लगता है – "अरे यार, नाड़ा लटक रहा है!" अगर वह बेशर्म हुआ तो जवाब देगा – "बांधा हुआ है, इसलिए दिख रहा है!" और अगर दूसरा चिढ़ने वाला हुआ तो आपस में झगड़ा भी शुरू हो जाता है।

अंत में मैं इतना ही कहना चाहता हूँ – मेरा उपयोग करो, लेकिन समझदारी और होशियारी के साथ। मेरी उपेक्षा बिल्कुल मत करो।

बेचने वालों से जब लोग नाड़ा खरीदते हैं तो इधर-उधर देखते हैं – कहीं कोई हमें देख तो नहीं रहा! अरे यार, कोई चोरी की चीज़ खरीदनी है जो इतनी शर्म महसूस हो रही है? जल्दी से पैसे दो और नाड़े का बंडल थैली में डाल लो। जब मेरी इतनी उपेक्षा होती है तो मैं अंदर तक हिल जाता हूँ। स्वार्थी दुनिया हो गई है – मैं उनके शरीर की रक्षा करता हूँ, उन्हें सुंदरता प्रदान करता हूँ और उसके बाद भी वे लोग मेरे साथ ऐसा व्यवहार करते हैं?

चलो, छोड़ो इन सब बातों को। आराम से और सावधानी से मेरा उपयोग करो – मैं तुम्हारी सहायता करता रहूँगा। अरे, एक बात तो मैं भूल ही गया। जब कोई हास्य नाटक आता है या फिल्म दिखाई जाती है तो मेरा ही उपयोग किया जाता है हास्य पैदा करने के लिए। थुलथुल शरीर, बढ़ी हुई तोंद, और लटकता हुआ मैं – उदास लोगों को भी हँसा देता हूँ। लोग फिर भी मुझे भूल जाते हैं। क्या करें, दुनिया स्वार्थी हो गई है।

नवजात शिशु के अधोवस्त्रों में तो मैं सबसे अधिक काम आता था, लेकिन पाश्चात्य सभ्यता के प्रभाव में उन वस्त्रों का पहनना बंद कर दिया गया जिनमें मेरा उपयोग होता था। अब तो डायपर का उपयोग अधिक होने लगा है, जबकि वह बहुत नुकसानदायक है। हाँ, बच्चों को डायपर पहनाना सुविधाजनक ज़रूर है। मैं अब भी पूरी तरह से अपने अस्तित्व को बचाने का प्रयास करता रहता हूँ। मेरा आप सभी से आग्रह है – मेरे अस्तित्व को बचाने में सहयोग करें।

18

ॐ बजटाय नमः

बजट के बारे में एक बात ठीक तरह से आत्मसात कर लें – कि बजट हमेशा घाटे का ही बनाया जाता है। यानि जनता हमेशा घाटे में रहती है। नेता, बड़े कारोबारी और ब्यूरोक्रेट – हमेशा फायदे में रहते हैं, लेकिन घाटे में बताए जाते हैं। मेरे प्यारे देश में ईश्वरीय धर्म के अलावा दो और धर्म हैं – एक 'अमीरी धर्म' और दूसरा 'गरीबी धर्म'। इन दोनों धर्मावलंबियों को अपने-अपने धर्म पर क़ायम रहना है, और इन दोनों के बीच की खाई को गहराते जाना – यही 'दीर्घकालीन बजट लक्ष्य' है।

भारतीयों द्वारा बजट बनाकर काम करने और करवाने का कोई कर्मकांडी, लिखित वृत्तांत का इतिहास नहीं मिलता है। हम लोग प्रत्येक चीज़ को स्मृति (वेद-उपनिषद) और श्रुति (पुराण-महाकाव्य) में संजोकर रखने की कोशिश करते हैं – और फिर उन्हें भूलते जाते हैं। "ब्रह्म सत्य, जगत मिथ्या" है – इसलिए ब्रह्म को पकड़ते हैं और माया को छोड़ते जाते हैं। हमने: गणेश जी के सिर पर हाथी का सिर लगाने की सर्जरी को भुला दिया, अमृत मंथन में निकले अमृत को खो दिया, संजीवनी बूटी तक को सुरक्षित नहीं रख पाए, पुष्पक विमान की टेक्नोलॉजी को भुला दिया। और तो और, हमारे यहाँ महोबा में एक आल्हा भाई थे, उनकी बाँह में तीर लगा – तो दूध की धार बह निकली थी। उस बायो-टेक्नोलॉजी को भी भुला दिया। गणेश जी सूँड़ से सुड-सुड कर दूध पीते थे। पेड़ से चिपकने से गंभीर से गंभीर बीमारी दूर होती थी।

यह सभी चीज़ें हमने बिसूर दीं। ना इनका बजट बनाया, ना इतिहास संजोया। छाज फूँक-फूँक कर पीने की आदत सी पड़ गई है। दूध से जले की तर्ज़ पर, चाँदनी से झुलसे – अब चाँद पर जाने का बजट प्रावधान कर रहे हैं।

जब सिकंदर के घोड़ों ने पोरस के हाथियों को झेलम किनारे नाको चने चबवाए, तब से मेगस्थनीज़ ने भारत की कुटाई का इतिहास लिखना शुरू किया था। जो आगे चलकर गुलाम सुल्तानों द्वारा सनातनियों की कुटाई, पिटाई और लुटाई का इतिहास बनता गया। कम्युनिस्ट इतिहासकारों ने खूब इनाम-ओ-इकराम बटोरे, कोठियाँ खड़ी कर लीं, जिसे झुठलाने के लिए अब नया राष्ट्रवादी इतिहास लिखने की कवायद शुरू हुई है।

मध्ययुग के इस्लामी काल में जनता को कामधेनु की तरह निचोड़ने के लिए बजट की ज़रूरत तो नहीं थी, फिर भी जब आवश्यकता होती थी, रियाया को खुश करने के वास्ते उनकी धन-दौलत और जवान लड़कियों को उठा लाने का बजट बनाया जाता था। जिसे 'माल-ए-ग़नीमत बजट' कहा जाता था –

जिसमें जनता के पास कोई भी मिल्कियत न छोड़ने का लक्ष्य निर्धारित था।

ग़ुलाम सुल्तानों का ज़मीन और जोरू के मालिकों से कहना था – "अल्लाह के करम से तुम्हारी ज़मीन और जोरू पर ख़लीफ़ा का अख़्तियार है। तुम्हें ज़मीन और जोरू जोतने के वास्ते दी जाती है, और उसका लगान और संतान लेना हमारा धर्म है।" सुल्तान के आदेश से कहावत चल निकली –

ज़मीन और जोरू किसकी – जो जोते उसकी,
धन और लड़की किसकी – जो उठा ले उसकी।

सुल्तान का फ़रमान था कि तुम्हारे धन पर हमारा अख़्तियार है। हाँ तुम जज़िया देकर अपनी रिवायत पर क़ायम रह सकते हो। इस तरह तुम्हें बुरी तरह निचोड़ कर धन विहीन करना सुन्नत का आदेश है। जब तुम्हारे पास धन नहीं रहेगा तो तुम अपनी जवान लड़कियों की शादियाँ के लिए दहेज

की व्यवस्था नहीं कर पाओगे। तुम पर अहसान करते हुए हम तुम्हारी जवान लड़कियों को उठा लाते हैं। उन्हें वह सारा ज़िस्मानी सुख देते है जिसे उपलब्ध कराना तुम्हारा कन्यादानी धर्म है – जिसे निभाने में तुम असमर्थ हो। हम तुम्हारे पैतृक धर्म का पालन पवित्र क़ुरान और हदीस में दिये आदेशों के अनुसार करते हैं। इसमें बजट बनाने की ज़रूरत है। काफिर रियाया को मुफ़लिस बनाकर सनातन धर्म पर क़ायम रहने देना हमारा अहसान जो ठहरा। यदि यह काम हमने नहीं किया तो अल्लाह को क्या मुँह दिखायेंगे? और वहाँ क़यामत के दिन हमारी पैरवी करने बैठे मुहम्मद साहिब की निगाह से गिर जाएँगे – दोज़ख़ में सड़ेंगे। जन्नत में हमेशा जवान रहने वाली 72 हूरों और शराब की नदियों से भी महरूम हो जाएँगे। इस प्रकार इस्मालिक शासन में अत्याचार और अनाचार का बजट बनाने का हवाला मिलता है ।

इस सुंदर वसुंधरा पर बजट बनाकर कायनात को बर्बाद करने का इतिहास अंग्रेजों से आरंभ होता है। ईस्ट इंडिया कंपनी अपने अंशधारकों को लाभांश देने के लिए बजट बनाती थी। उनका बजट-सिद्धांत था – "अधिकतम लाभांश हेतु अधिकतम शोषण।" शोषण केवल बजट से संभव नहीं था, इसलिए एक 'गजट' नामक अस्त्र भी उपयोग में लाया गया। जब किसी रियासत को 'व्हाइट मैन बर्डन' के तहत ब्रिटिश शासन के अधीन करना होता, तो महामहिम वायसराय 'गजट' में सूचना प्रकाशित करवा देते।

उनके द्वारा तय पेंशन आदेशों को मानना राजाओं और नवाबों का पुनीत कर्तव्य माना जाता था। फिर कुछ समय बाद, वही पेंशन भी ख़ात्मे के 'गजट' के माध्यम से समाप्त कर दी जाती। अंग्रेजों ने बड़ा अहसान करते हुए 1857 के आज़ादी के संग्राम को 'गजट' में प्रकाशित कर विद्रोह घोषित कर दिया और भारत का शासन ईस्ट इंडिया कंपनी से लेकर ब्रिटिश साम्राज्य के अधीन कर लिया। इसके बाद भारत में बजट बनाकर जनता को चूसने का कार्य विधिवत और योजनाबद्ध रूप से आरंभ हुआ।

1857 के विद्रोह के बाद ब्रिटिश सरकार को गंभीर वित्तीय संकट का सामना करना पड़ा। खजाना भरने के लिए पहला आयकर अधिनियम फरवरी 1860 में सर जेम्स विल्सन द्वारा पेश किया गया। इस अधिनियम को 24

जुलाई 1860 को वायसराय की सहमति प्राप्त हुई और यह तुरंत प्रभाव से लागू हो गया। ग़ुलाम भारत का पहला बजट 18 फरवरी 1860 को जेम्स विल्सन द्वारा कार्यकारी परिषद में प्रस्तुत किया गया। जेम्स विल्सन को भारत में बजट प्रणाली का 'गब्बर' माना जाता है। तबसे बजट का अर्थ ही आयकर वसूलना हो गया।

इस घटना के बाद भारत में रेल, सड़क, डाक, तार और संचार माध्यमों के विकास का बजट बनाया गया, कच्चा माल इंग्लैंड भेजकर और वहां से निर्मित माल भारत लाकर बेचने का बजट बनाया गया, यहाँ तक कि लोगों को मसीही शरण में लाने का भी बजट बनाया गया। इन सारे बजटों से बेज़ार होकर बापू ने डंडा और लँगोटी से एक देशी बजट तैयार किया – और 1947 में उनका बजटीय लक्ष्य किसी तरह पूरा हो गया। अब उनके पुतले जलाने का सालाना बजट हर साल 31 जनवरी को पूरी निष्ठा से स्वीकृत और निष्पादित किया जाता है।

उसके बाद चाचा ने समाजवादी बजट बनाना शुरू किया। जिसमें सरकार ख़ुद एक बड़ी कारोबारी बनकर सामने आई। उन्होंने एक सांख्यिक को देश की अर्थव्यवस्था को आर्थिक विकास गति देने के लिए पहले 'पूँजीवादी अमेरिका' भेजा, उसके बाद 'कम्युनिस्ट रूस' रवाना किया। उसने पूंजीवाद और साम्यवाद दर्शन के बीच की राह पकड़ी – लेकिन वह राह उसे भटका कर कम्युनिस्टों के ख़ेमे में ले गई।

देश की अर्थव्यवस्था की नैया नदी के दो किनारों पर डोलती रही। जबकि नदी के दोनों किनारे कभी मिलते नहीं हैं। नदी सूख जाए, तब वह एक मैदान में तब्दील हो जाती है। और उस सूखी नदी पर नाव खिवैया पार्टी ख़ुद ही भटकती रही। कम्युनिस्ट उस सूखी नदी में से रेत निकालकर दारू में नहाते रहे।

एक महारानी जी को मजबूरीवश 'ग़रीबी हटाओ' का ख़्याल आया। उन्होंने बजट बनवाते समय राजा-महाराजाओं की प्रीवी पर्स की मलाई छीन ली, और बैंकों का राष्ट्रीयकरण करके बजट का दायरा बढ़ा दिया। इसके बाद पूँजीवादी बजट आया – जिसके अंतर्गत उच्च वर्ग को राहत और निम्न वर्ग

को रेवड़ी बाँटी जाती है। मध्यम वर्ग बजट पर बहस करता रहता है। सरकार टैक्स से और पूँजीपति उच्चतम लाभ से मध्यम वर्ग को चूसते हैं।

पूँजीवादी बजट की महिमा सरदार जी के समय से शुरू होती है। उनका कहना था कि भारत में राष्ट्रीय आय से अधिक राष्ट्रीय खर्च है। यह अतिरिक्त खर्च काले धन से होता है। इसलिए आयकर पर टैक्स लगाने के स्थान पर खर्च पर टैक्स वसूलने का बजट बनाया जाना चाहिए। अर्थात् – भारतीय अर्थव्यवस्था के गर्भ में माल और सेवाओं कर, यानी जीएसटी का गर्भाधान हुआ। उन्होंने बहुत कोशिश की कि बच्चा पैदा हो जाए, लेकिन उनकी आवाज़ में इतना दम नहीं थी कि जचकी संभव हो पाती।

फिर एक "छप्पन इंच वाला शेर" आया। उसने दहाड़ना शुरू किया – तो एक ही दहाड़ में जचकी हो गई, और एक स्वस्थ शिशु का जन्म हुआ। उसका नाम रखा गया – जीएसटी, जिसकी माया अपरंपार है।

जब आप किसी होटल में बटर पनीर और चपातियों का ऑर्डर करते हैं – तो देखिए इसमें जीएसटी का कमाल:पनीर और बटर बनाने के लिए ख़रीदे गए दूध पर जीएसटी, पनीर और बटर ख़रीदने पर जीएसटी, मसालों पर जीएसटी, तेल पर जीएसटी, गैस पर जीएसटी, पानी और बिजली के बिल पर जीएसटी, और अंत में – बटर पनीर और चपातियों पर भी जीएसटी!

इसलिए आजकल केवल आयकर का बजट नहीं बनाया जाता, काले धन और उससे होने वाले खर्च का भी बजट अनुमान लगाया जाता है। फिर किस ठेके में कितना चंदा आएगा – इसका अनुमान लगाकर भुगतान बजट प्रावधान होता है। तदनुसार बजट फाइनल होता है।

मेरे प्यारे भारत देश में, राज्य सरकारें दारू के ठेके बढ़ाकर और नदियों को छलनी करके रेत निकालने का बजट बनाती हैं। उनके सारे खर्च इन्हीं मदों से निकलते हैं। नेता और अफ़सर मिलकर ऊपरी कमाई का, बिल्डर ज़मीन हड़पने का, कलारी दारू का, झुग्गियाँ विस्तार का, कोचिंग संस्थाएँ फेल होने के अनुमान से कमाई का, अस्पताल रोगियों से वसूली और संपन्न रोगियों की उनके अस्पताल में मृत्यु का, पुजारी चढ़ोतरी का और भिखारी भीख का बजट बनाते हैं।

इधर कुत्तों ने भी बजट बनाना सीख लिया है। वे बच्चों को चबाने और बड़ों को काटने के साथ-साथ वंशवृद्धि का बजट भी बनाने लगे हैं। उधर नगर निगम ने कुत्तों की नसबंदी हेतु बजट में भारी प्रावधान करना आरंभ किया है। कुत्तों ने एक बैठक में निर्णय लिया कि उनकी संख्या और धर्म ख़तरे में है। इसलिए उन्होंने एक मत से आदमियों के बच्चों पर हमला कर काटना शुरू कर दिया। बच्चे शहीद होने लगे। बड़ा हंगामा हुआ। नगर निगम ने एक हज़ार कुत्तों की नसबंदी हेतु एक हज़ार करोड़ का बजट प्रावधान किया। एक कुत्ते पर एक करोड़ खर्च का अनुपात था!

इसके बावजूद भी नगर में कुत्तों की संख्या बढ़ती गई। मेयर ने तर्क दिया – कि दूसरे नगरों के कुत्ते इस नगर में आ गए हैं। वहाँ कुत्ता नसबंदी घोटाला हुआ है – जहाँ हमारे दल का मेयर नहीं है। यह मामला केंद्र ने अपने हाथ में ले लिया है। उन्होंने कुत्तों की तरह संसद में लड़ते हुए 'अखिल भारतीय कुत्ता क़ानून' पास करवाया और उसे नागरिकता क़ानून की तरह स्थगित रखा है। कुत्ता नसबंदी कार्यक्रम पर केंद्र सरकार विचार कर रही है।

अथ श्री भरतखण्डे जम्बू द्वीपे बजट महिमाय नमः। अथ श्री बजट इतिहासाय नमः।

ॐ बजटाय नमः।

19

लक्ष्मी सदा रहत न स्थिर

मैं लक्ष्मी हूँ – पृथ्वी के प्रत्येक मनुष्य का लक्ष्य। हर व्यक्ति अपना सुख-चैन खोकर मेरे पीछे भागता रहता है। ना ठीक से खाता, ना ठीक से पीता, ना सुस्ताता, ना सोता – जागते-सोते बस मुझे ही याद करता है। आम आदमी से लेकर राजनीतिज्ञ, कलाकार, कारोबारी – सब मुझे सिर पर बिठाकर आसमान में उड़ना चाहते हैं।

अभी आपने देखा होगा, मेरे एक परम भक्त मुकेश ने अपने फूल से बेटे की शादी में पूरे हिंदुस्तान के प्रतिष्ठित वर्ग को सिर पर बिठाकर मेरा गुणगान करने में कोई कसर नहीं छोड़ी। कुछ लोग उनके इस आयोजन का भरपूर आनंद लेते रहे, कुछ इसे बेजा प्रदर्शन बताते रहे, तो कुछ बच्चन परिवार के तलाक़-तलाक़-तलाक़ पर शोर मचाते रहे। एक भोपाली भाई साहब बोले – "अमां खाँ, ये भी कोई शादी है? हाथी के बच्चे से तितली की जोड़ी बना दी!" फिर बोले – "आज इनके दिन हैं, कभी हमारे भी दिन फिरेंगे।" रहीम पहले ही कह गए हैं :

कमला थिर न 'रहिम' कहि, यह जानत सब कोय।
पुरुष पुरातन की वधू, क्यों न चंचला होय॥

मुकेश भाई जानते हैं कि लक्ष्मी कहीं स्थिर नहीं रहती। मूढ़ जन ही समझते हैं कि वह उनके घर में टिक गई है। लक्ष्मी, प्रभु की पत्नी है, नारायण की

अर्धांगिनी। जो लक्ष्मी को 'अपनी' कहकर चलेगा – उस मूर्ख की फजीहत निश्चित है। इसलिए मेरे सच्चे पुजारी मुझे खर्च करते हैं – और खुलकर खर्च करते हैं। वे फर्ज़ी संतों को ऑस्ट्रेलिया से मंडप में उतरवाते हैं। उपहार में सचमुच का हेलीकॉप्टर पकड़ाते हैं। दो-तीन पैग लगाकर खाली हाथ डांस फ्लोर पर आ धमकते हैं।

भारत में पुराने ज़माने के साहूकार कन्हैयालाल की तर्ज़ पर पुरानी फटी धोती में गाँठ लगाकर मुझे रखते थे – या फिर हंडा में भरकर ज़मीन में गाड़ देते थे और मुझे भूल जाते थे। देवी होने के नाते जब इतनी उपेक्षा देखी, तो मैंने भी साथ छोड़ दिया। जो लोग मुझे खुलकर खर्च करने लगे मैंने उनकी ड्योढ़ी पर धूनी रमाना शुरू कर दिया।

आजकल लक्ष्मी को लेकर एक नया दर्शन चलन में है। नए ज़माने के 'बाप' कहते हैं – "औलाद को खुलकर खर्च करना सिखा दो, कमाना तो वे खुद ही सीख लेंगे। और अगर नहीं सीखे, तो साइबर क्राइम का आधुनिक रास्ता क्या बुरा है? ना टैक्स की झंझट, ना इनकम डिक्लेरेशन। जिसके खाते से रकम उड़ाओगे, वो टैक्स पहले ही भर चुका होगा। मतलब : Tax-paid ठगी!"

जहाँ लक्ष्मी होती है, विवाद तो स्वभाविक है – घर-घर में मेरी वजह से तकरार होती रहती है। पहले के घरों में मुझको लेकर सामूहिक किल्लत होती थी। अब पति-पत्नी दोनों कमाने लगे हैं, तो 'निजी फ़ज़ीहत' का दौर चल पड़ा है। खर्च में कौन कितना देगा? बचत कहाँ लगेगी? किसका कितना हिस्सा है? कुछ बराबरी का राग अलापते हैं, कुछ आमदनी के अनुपात का तर्क लेकर लड़ते हैं।

देश के बजट में भी मेरे ही नाम पर बंदरबाँट की ख़बरें आती रहती हैं। कुछ राज्य आरोप लगाते हैं – "फलाँ राज्य को विशेष पैकेज क्यों मिला?" "हमारे राज्य में तो ग़रीबी की मक्खियाँ भनभना रही हैं।" उधर पैसों की बाढ़ आती है, इधर नेता, अफ़सर, कर्मचारी और कार्यकर्ता हवाई सर्वे करके 'क्षतिपूर्ति' का हिसाब लगाने लगते हैं। ऐसा लगता है जैसे मुआवज़े का बजट नहीं, कृपावर्षा का वितरण हो रहा हो।

अरे भाई साहिब, जिसने सरकार बनाने में समर्थन दिया है, तो किसी न किसी कीमत पर ही तो दिया होगा न! अगर विशेष दर्जा नहीं मिलेगा, तो फिर विकास के लिए लक्ष्मी का प्रवाह उस ओर कैसे होगा? गिरने वाले पुलों का उद्घाटन कैसे होगा? उधड़ने वाली सड़कों का निर्माण किस तरह होगा? और फिर उनकी मरम्मत का बजट कैसे बनेगा? जब तक समर्थन है, तब तक 'क्षतिपूर्ति बॉण्ड' के हिसाब से रक़म मिलनी ही चाहिए।

अंग्रेज़ों के ज़माने में दो 'इंडिया' थे – एक ब्रिटिश इंडिया और दूसरा प्रिंसली स्टेट्स वाला इंडिया। अब उसी तर्ज़ पर दो राष्ट्र बन गए हैं – एक 'भाजपा शासित भारतीय राज्य', और दूसरा – कमबख़्त विरोधियों द्वारा शासित राज्य।

सरकार आवंटन में कोई भेदभाव नहीं करती – भाजपा शासित राज्य 'फाइव स्टार राज्य' हैं, जहाँ इमदाद में कोई भी कोताही नेताजी को बर्दाश्त नहीं। बाक़ी राज्यों को स्वायत्तता का पूरा सम्मान है – "ख़ुद कमाओ – ख़ुद खाओ" यही 'स्वावलंबन योजना' सत्ता में हिस्सेदारी के अनुपात में बनाई गई है।

मेरी महिमा अपरंपार है। मेरे जन्म से ही विवाद का रिश्ता क़ायम है। जब समुद्र मंथन हुआ और मैं उसमें से प्रकट हुई, तो देव और दानव दोनों भिड़ गए – लक्ष्मी किसके पास रहेगी? इंद्र अड़ गए – "लक्ष्मी स्वर्ग की रानी बनकर हमारे साथ रहेगी।" मुझे भी इंद्र कुछ सही-सही से लग रहे थे। लेकिन दानव बोले – "नहीं! लक्ष्मी तो हमारे पास रहेगी!" अब मैं ठहरी सफ़ाई पसंद देवी – ये गंदे, लथपथ दानव मुझे बिल्कुल अच्छे नहीं लगे। मैं फँस गई देव-दानव पंचायत में। तभी ब्रह्मा, विष्णु और महेश जी पहुँचे।

शिव हलाहल पीकर नीलकंठेश्वर बने खड़े थे। उनसे बोलते नहीं बना, ब्रह्मा जी मुझे बस देखते रह गए। विष्णु चालाक थे, चालाक लोग मुझे भी पसंद हैं। मैं उनके साथ रहने को इच्छुक दिखी। उन्होंने मेरे मन की बात ताड़ ली और निर्णय सुना दिया लक्ष्मी विष्णु की चरण सेवा करेगी। तब से शेषशैया पर बैठकर उनके पैर दबा रही हूँ, और इनके आदेश से चालाक बनिया के पास रहती हूँ।

एक दिन एक पुरोहित लक्ष्मी के पास आकर बोला – "हे लक्ष्मी माता, तुम हम लोगों पर प्रसन्न क्यों नहीं होतीं? बनियों की तिजोरियों में क़ैद रहती हो। हमने ऐसा क्या पाप किया है?"

लक्ष्मी – "तुमने पाप नहीं, महापाप किया है। तुमने यज्ञों में बलि देकर इतनी हिंसा फैलाई कि बुद्ध ने मेरी उपेक्षा करना आरंभ कर दिया। मैं भारत से निष्कासित होकर रोम, मिस्र और इज़राइल में घूमती रही, अब अमेरिका में रहती हूँ। मेरी क़ीमत सबसे पहले अंग्रेजों ने समझी – कि शिक्षा और पराक्रम से ही मुझे पाया जा सकता है। उन्होंने तीन सौ वर्षों तक पृथ्वी पर इस तरह राज्य किया कि उनके साम्राज्य में सूर्य नहीं डूबता था। मेरे प्रताप से कहीं न कहीं कुछ न कुछ चमकता ही रहता था। फिर भला हो अमेरिका का, जिसने मेरी क़ीमत समझी – और मैं उनके पास जाकर स्थिर हो गई। तुम पराक्रम के बजाय दीवाली के एक दिन मेरी पूजा करके मुझे पाना चाहते हो। अमेरिका वाले नित्य पराक्रम में रत रहते हैं। मैं सत्तर प्रतिशत पराक्रमियों के पास रहती हूँ – और तुम्हारे देश में तो सात प्रतिशत से अधिक नहीं रहती। तुम पाखंडी हो, मेरा तिरस्कार करके मुझे पाना चाहते हो।"

पुरोहित – "माता, अब तो हमारे घर आ जाओ।"

लक्ष्मी – "रे मूर्ख ब्राह्मण! तू दर्शन और 'विशेष दर्शन' के नाम पर प्रभु मंदिरों में धोखाधड़ी करता फिरे, राजनीतिज्ञों की चमचागिरी में सुबह-शाम बर्बाद करे, और चाहता है कि मैं तेरे घर आकर वास करूँ? तू मुझे 'हाथ का मैल' कहे, वैश्य की ड्योढ़ी पर नाचती 'नचनिया' कहे – और फिर भी चाहता है कि मैं तेरे घर आऊँ?"

पुरोहित – "माता, मैं क्या करता! तू म्लेच्छों के हाथ में पड़ गई थी। उन्होंने लालच और अत्याचार का ऐसा खेल खेला कि मुझे तुझसे विरक्ति हो गई थी। वही विरक्ति हमारे लोगों ने पुराणों में लिख दी। जनता भी भ्रमित हो गई।"

लक्ष्मी – "मात्र तुम नहीं, तुम्हारा पूरा कुनबा भटक गया था। ऋषि-मुनियों ने चार पुरुषार्थ – धर्म, अर्थ, काम, मोक्ष – बताए थे। मनुष्य के शरीर का 'धर्म' ज़िंदा रहना है। तभी वह दूसरी बातें और दूसरा कार्य कर सकता है। भूखे

तो भजन भी नहीं होता। भोजन 'अर्थ' से आता है। तू 'परमार्थ' की बातों में देह का धर्म भूल कर यहाँ-वहाँ के धर्म की हवाई बातें करने लगा। अरे, तुझे समझना था कि भूखे का धर्म रोटी होती है। तूने दूसरे पुरुषार्थ 'काम' के साथ भी यही किया। तेरे ही कहने पर ब्रह्मचर्य ने उसे बुरा-भला कहकर देश से निकाल बाहर किया। वह म्लेच्छों के हरम में रहने लगा। मगर काम के बग़ैर कोई रह नहीं सकता। वह तो देह का प्रतापी आवेग है, सृष्टि का अवयव है। तूने उसे भस्म करके 'अनंग' करवा दिया। फिर चुपचाप लुक-छिप कर काम-भोग में रत रहा। तू आडंबरी है।"

पुरोहित – "माता, मैं क्या करता? मैं बहुत डर गया था।"

लक्ष्मी – "रे निरे मूर्ख! तूने चार पुरुषार्थ में से दो – अर्थ और काम – को बिसूर दिया। बाक़ी बचे दो – धर्म और मोक्ष। तेरे लोग आज तक निर्णय नहीं कर पाए कि 'धर्म' क्या है। और 'मोक्ष' तो गूँगे का गुण है – गूँगा जिसका स्वाद कभी बता ही न पाया। मुगलों और गोरों ने 'अर्थ' और 'काम' को गले लगाकर तुम्हें एक हज़ार सालों तक ग़ुलाम बना कर रखा। भला हो उस गुजराती बनिए का, जिसने लाठी से हाँक कर उन्हें बाहर किया। परंतु तुम्हारे लोगों ने उसे भी नहीं बख्शा – गोली मार कर लुढ़का दिया।"

पुरोहित – "माता, बहुत ग़लती हुई। अब बताइए क्या किया जाए?"

लक्ष्मी – "ये मंदिर-मस्जिद छोड़ो। मुझे वापस लाना है तो शिक्षा और पराक्रम से ही ला सकते हो। लेकिन तुम लोग वहाँ भी घोटालों से बाज नहीं आते। मैं केवल अर्थशक्ति और सैन्यशक्ति से ही थमती हूँ। और सैन्यशक्ति का दारोमदार भी अर्थ पर ही निर्भर है। इसलिए मेरी पूजा भर मत करो – पराक्रम करो। वोट के लिए फोकट की रेवड़ियाँ मत बाँटो। लोगों को मुफ़्त का खिलाकर हिजड़ों की फ़ौज मत खड़ी करो। नहीं तो फिर होली के दिन ख़ून की होली खेलने कोई नादिर, कोई गब्बर फिर आ जाएगा। लोगों को हरामखोर मत बनाओ। नहीं तो वह दिन दूर नहीं जब तुम दुर्भिक्ष को निमंत्रण दोगे। एक और बँटवारा होगा – और इस बार हमेशा के लिए ग़ुलाम बनते देर नहीं लगेगी।"

20

मिल गईं आज़ादियाँ

देश के नागरिकों को आज़ादी के अमृत महोत्सव काल में कुछ नई क़िस्म की उन्मुक्त आज़ादियाँ मिल गई हैं। 'आज़ादी-आज़ादी' फ़िल्म की शूटिंग कश्मीर से कन्याकुमारी तक चल रही है। प्रत्येक वर्ष 15 अगस्त और 26 जनवरी को रायसीना हिल पर आज़ादी नाटक का मंचन होता है।

नियति से जो वादा किया था, वह 14 अगस्त 1947 की रात को बारह बजे घंटे की टंकार पर पूरा हुआ – आज़ादी मिल गई। हम एक हज़ार सालों से लूट-खसोट, खून-खराबा, अत्याचार-व्यभिचार, भ्रष्टाचार आदि सहते आए थे, ख़ुद कुछ न कर पा रहे थे। बाहें फड़क रही थीं, ज़ुबान पर गालियाँ उमड़-घुमड़ रही थीं, दिलों में उन्माद भरा था, रिश्तों में मवाद भरा था। पंजाब और बंगाल की सरहदों पर यह फूट पड़ा। हमने जानबूझकर यह बात भुला दी कि हम उस समय तक एक मुल्क थे। हममें भाईचारा था। बस यह याद रहा कि हत्या-बलात्कार में भाईचारे का क्या काम है। हमारे यहाँ बलात्कार तो अक्सर नज़दीकी रिश्तों में होते रहने की परंपरा रही है – ससुर बहू पर और देवर भाभी पर हाथ साफ़ करते रहे हैं।

अंग्रेजों ने जानवरों को खुला छोड़ा तो अत्याचार, बलात्कार, व्यभिचार, लूट-खसोट का सोया पुरुषार्थ जाग गया। हमारी संस्कृति का ब्रह्मचर्य रूपी साधु व्यभिचारी बनकर नाचने लगा। आज़ादी के जुनून में माँ-बहनों को ज़लील किया गया। ख़ुद का मुँह काला किया और बतौर पेटेंट उनके चेहरों

पर दाँतों के निशान छोड़ दिए। ताकि उनको भावी ज़ुल्मियों की नज़र न लगे, और भोग्या जबरिया नाजायज़ संतान का दंश पूरे जीवन ढोए।

आज़ादी की याद में अभी भी बलात्कारियों को कुत्तों की तरह खुली छूट दी जाती है। उन्हें सामूहिक बलात्कार की आज़ादी है। इस बार आज़ादी के महोत्सव का अभिषेक संपूर्ण आज़ादी के साथ कलकत्ता के मेडिकल कॉलेज में एक युवा महिला डॉक्टर के सामूहिक बलात्कार और उसकी हत्या से किया गया। जिसमें बाक़ायदा प्रिंसिपल साहब को नोट प्रस्तुत कर बलात्कार की अनुमति ली गई थी। इसी सच्ची आज़ादी के लिए हमारा पुरुषत्व तड़प रहा था। यह आज़ादी का, आज़ादी के लिए, आज़ादी को पुरस्कार है।

राजनीतिक पार्टियों से लेकर बड़े-छोटे नेताओं और अफ़सरों-कर्मचारियों को भ्रष्टाचार की गंगा में डुबकी लगाने की संपूर्ण आज़ादी की गारंटी है। भ्रष्टाचार मौलिक गारंटी में शुमार हो गया है। यदि ये सभी भ्रष्टाचार नहीं करेंगे तो हमारा लोकतंत्र ख़तरे में पड़ जाएगा। चुनाव लड़ने के अलावा, सरकार बनाने से लेकर सरकार चलाने और तुड़वाने तक भ्रष्टाचार ज़रूरी है। आज़ादी की रक्षा हेतु धन की ज़रूरत तो होती ही है। पार्टी के भव्य भवन हेतु धन अनिवार्य है। नेताओं को हवा में उड़ने हेतु भ्रष्टाचार आवश्यक है।

जब किसी पार्टी के तीन सौ से अधिक सांसद हों, तो उन्हें कोई भी बिल बिना चर्चा पास कराने की आज़ादी होती है। बिलों को अक्सर संसदीय समिति को भेजना समय और लोकतांत्रिक मर्यादा के अनुकूल तो है, परंतु इसमें सत्ताधारी दल की आज़ादी बाधित होती है।

चुनाव के दौरान अनाप-शनाप बोलने और गारंटी देने की आज़ादी है। बाद में यह भी खुलासा करने की आज़ादी है कि चुनाव के समय के बयानों को गंभीरता से नहीं लेना है। आज़ादी को गारंटी से क्वालिफ़ाई नहीं किया जा सकता है।

देश के कारोबारियों को पूरी आज़ादी है कि जितना चाहें उतनी क़ीमत बढ़ाएँ। क़ीमत बढ़ाने से जीडीपी बढ़ती है, और बढ़ी दरों पर बेचने से जीएसटी अधिक वसूला जाता है। क़ीमतें बढ़ने से ही हम बहुत जल्द विश्व की तीसरी सबसे बड़ी अर्थव्यवस्था बन सकते हैं। क़ीमतें बढ़ाकर जनता को लूटने की

आज़ादी को संविधान सम्मत सरकार के मौलिक अधिकार में शामिल किया जाना चाहिए।

शेयर बाज़ार का जुआ हिंडनबर्ग जैसी संस्थाओं से मिलकर खिलाने की आज़ादी से सभी जुए के फड़ बर्बादी की कगार पर हैं। मॉल में स्क्रीन की महँगी आज़ादी से लोकल टॉकीज़ बंद हो चुकी हैं। उनकी जगह भौंडी, भड़कीली रील ने ली है। हर किसी को आज़ादी है कि बेडरूम के अंतरंग दृश्यों की रील बनाकर उन्हें लाइक करने को कहें। नेताओं को आज़ादी है कि हाईवे पर नंगे होकर प्रेमिका के साथ बेडरूम सीन शूट कर ऑनलाइन करें। लोगों को आज़ादी है कि बिना लाइक किए उन रीलों का ख़ूब आनंद लें।

हमारे प्यारे देश में नेताओं और उनके बच्चों को पूरी आज़ादी है कि वे जितने चाहें स्कूल-कॉलेज खोलें, जितनी चाहें फ़ीस वसूलें। उन्हें यह भी आज़ादी है कि सरकार से छात्रवृत्ति लेकर संस्थाएँ चलाएँ, लेकिन किसी छात्र को फेल न करें।

बिल्डरों को पूरी आज़ादी है कि मकानों की मनमाफ़िक़ क़ीमत तय कर, मनमाफ़िक वसूली करें। उपभोक्ता न्यायालय में प्रकरण बहुत लंबे – यहाँ तक कि बीस-पच्चीस साल चलते ही हैं। तब तक ख़रीदार राम को प्यारा हो जाता है। बिल्डर को संपूर्ण आज़ादी मिल जाती है। बिल्डर उसी धन से राम मंदिर ट्रस्ट को दान देकर अपराध ग्रंथि से मुक्त होता है। यह धार्मिक आज़ादी है।

सोशल मीडिया पर खुली आज़ादी है कि यदि सत्ताधारी पार्टी को सपोर्ट नहीं किया, तो आपको देशद्रोही करार देकर ट्रोल किया जा सकता है। पार्टियों को सनातनी ठेका मिलने की आज़ादी है, भले ही हल्की तूफ़ानी बारिश में शिव-शंभु की प्लास्टिक मूर्तियाँ हनुमान जी की तरह आकाश में कुलाँचे मारती दिखें। यदि स्वयंभू ठेकेदार आपसे सहमत नहीं हैं, तो आपको लिबरल-कम्युनिस्ट छाप बुद्धिजीवी के रूप में बदनाम करने की आज़ादी है।

शंकराचार्यों को भी खुली आज़ादी है कि वे मनपसंद पार्टी चुनकर उनके भोंपू बन सकते हैं। तथाकथित स्वयंभू गुरुओं को आज़ादी है कि वे निस्संतान स्त्री को गर्भ धारण करवा सकते हैं। गुरु टैग लगते ही कामदग्ध

नवयौवना की संतुष्टि हेतु धर्मसम्मत "नियोग आज़ादी" धर्मगुरुओं को स्वमेव मिल जाती है। जोधपुर जेल में ऐसा एक बाबा नाखूनों में चिपकी आज़ादी की मलाई चाट रहा है। वह अन्य गुरुओं के लिए एक नज़ीर है।

बापू-चाचा को बहुत पढ़ा चुके। अब नए क़िस्म के नेताओं पर लिखी किताबों को स्कूल-कॉलेजों में थोपने की आज़ादी है, ताकि पुराना इतिहास विस्मृत कर नया इतिहास रचा जा सके – कि देश 1947 में विभाजित हुआ था, आज़ाद नहीं। आज़ादी तो 2014 में क्रांतिकारियों की कालापानी की सज़ा की माफ़ी से मिली थी। चाँदी की चम्मच लेकर पैदा हुए चाचा, अंग्रेजों के चम्मच थे। वे चाँदी के काँटे से साम्राज्ञी की सुनहरी प्लेट से नूडल्स चुराकर खाते थे। साम्राज्ञी सोने के लाइटर से उनकी सिगरेट सुलगाती थीं। उसी लाइटर से विभाजन की आग भड़की थी।

इतिहासकारों को यह बात आज तक समझ नहीं आई कि बापू ने उसे लोहपुरुष तो कहा, लेकिन उनकी जगह चाचा को नेता क्यों चुना। नए ढंग के राष्ट्रवादी चिंतकों को यह पता चल गया कि बापू चच्चा को उनके चिकने चेहरे के कारण पसंद करते थे। लोहपुरुष का चेहरा थोड़ा खुरदुरा था, इसलिए बेचारे अवसर चूक गए।

डायरेक्टर को इस बात की आज़ादी तो रहती ही है कि फ़िल्म में भूमिका के हिसाब से चेहरा चुने। चच्चा के चुनाव से फ़िल्म मल्टीस्टारर हो रही थी। कई नायिकाओं को भूमिका की जगह निकल आई और आइटम साँग की भी गुंजाइश बनी। लोहपुरुष को खलनायक की भूमिका में अधिक दिन नहीं खपना पड़ा। वे स्वर्ग सिधार गए। अब उनका पुतला खड़ा कर दिया गया है। मूल स्क्रिप्ट में यह इस तरह नहीं था। डायरेक्टर की हत्या होने से स्क्रिप्ट ही बदलनी पड़ी। सिंधी और बिहारी वगैरह को खलनायक की भूमिका में आना पड़ा।

1962 में हिंदी-चीनी भाई-भाई फ़िल्म पिटने से नायक की करिश्मा अपील नहीं रही। उसके बाद फ़िल्में नायिका प्रधान बनने लगीं। नायिका के हिसाब से स्क्रिप्ट लिखी जाने लगी।

नायिका को तानाशाही थोपने का जुनून सवार हुआ। उन्हें पूरी आज़ादी चाहिए थी। कमबख़्त जनता बीच में आ गई। हंटरवाली फ़िल्म नहीं बन

सकी। इसी प्रयास में वह आज़ाद सुरक्षा कर्मी की शिकार हो गई। नायिका के गुट के सफ़ेदपोश लुटेरों ने हत्यारों की पूरी क़ौम को निशाना बनाया। फिर एक चिकना चेहरा नायक के रूप में उदय हुआ। वह पायलट था, राजनीति करते-करते मारा गया। उसका भाई राजनीति करते-करते हवाई जहाज़ दुर्घटना में मारा गया।

पिछले कुछ मंचनों से नाटक में दो नायक हैं – एक 'पाखंडी महात्मा' और दूसरा 'फ़र्ज़ी पंडित' – और वे दोनों ही खलनायक भी हैं। मंच पर ज़रूरत के मुताबिक़ भूमिका बदलते रहते हैं। इस समय इन्हीं दो नायकों की फ़िल्म "सत्ता से याराना" शूट हो रही है। दोनों खलनायक भी हैं। एक को सत्ता का चस्का है – वह नए-नए रूप में फोटो खिंचवाता है। उसका दावा है कि वह राम को लाया है और राम उसे लाते रहेंगे।

दूसरे को बिना बात विरोध की आज़ादी है। वह संविधान बचाने में लगा है – जबकि उसकी नानी ने किसी समय संविधान की धज्जियाँ उड़ाने में कोई कसर नहीं छोड़ी थी। "आज़ादी-आज़ादी" फ़िल्म भारत टॉकीज में 77 सालों से चल रही है। डायमंड जुबली मना चुकी है।

इस फ़िल्म में बॉलीवुड की कोई मुँहफट, सड़कछाप बिगड़ैल नायिका की एंट्री हुई है। उसका एक पुराना नायक भी सहयोगी भूमिका में है, जिसके बाप के नाम हर पार्टी की सरकार में मंत्री रहने का रिकॉर्ड है। उनके ऑनस्क्रीन और ऑफ़स्क्रीन खूब चर्चे हैं।

यह नया उभरता भारत है जिसमें हर किसी को हर क़िस्म की आज़ादी है।

21

ज़िम्मेदारी

जंगल के जानवरों ने राजा के सामने अर्जी पेश कर कहा कि जंगल में चार शिकारियों ने हमला किया और छब्बीस मासूम पशुओं को मार दिया।

राजा – शिकारियों को जंगल में घुसने किसने दिया? आप जानवरों ने।

खरगोश – हुज़ूर, हमारी रक्षा आपकी ज़िम्मेदारी है।

हिरण – हुज़ूर, राजा प्रजा की सुरक्षा की ज़िम्मेदारी से भाग नहीं सकता।

सूअर – राजा और सूअर में यही अंतर है कि राजा, सूअर-सा नीच नहीं हो सकता।

कौआ – हुज़ूर, मैंने आपको ख़तरे से चेताया था।

राजा – कौवे, तू मेरी जूठन खाकर मेरी जासूसी करता है। तुझे तो मैं अलग से देखूँगा। और तुम तीनों मुझसे मेरी गुफा में आकर मिलो। मेरी ज़िम्मेदारी तय करने वाले तुम कौन होते हो? तुम पर राजद्रोह का मुकदमा चलेगा।

यह कहकर राजा सत्ता पक्की करने दौरे पर निकल लिया। अगले दिन जंगल में तीन जानवर और कम हो गए। अब जंगल में शांति है। सब जानवरों के माथे पर सिंदूरी विजयी तिलक लगा है और सब मिलकर सिंदूर यात्रा निकाल ख़ुश हो रहे हैं।

22

नसों वाला सिंदूर

ग्राहक – भाई साहब, 'बी पॉजिटिव' सिंदूर दीजिए।

दुकानदार – यह लीजिए, सुहागन सिंदूर है।

ग्राहक – यह नहीं, दूसरा है वो…

दुकानदार – यह मथुरा का यशोदा सिंदूर है, पैक डिब्बी है। अभी खुली नहीं है। माता यशोदा लगाती थीं। दूसरा कौशल्या सिंदूर भी है – अयोध्या फैक्ट्री का।

ग्राहक – ये माँग में भरने वाला नहीं, नसों में दौड़ने वाला चाहिए।

दुकानदार – वो तो ब्लड बैंक में मिलेगा।

ग्राहक (ब्लड बैंक वाले से) – भाई साहब, 'बी पॉजिटिव' सिंदूर दीजिए।

ब्लड बैंक मैनेजर – कौन सा मार्का?

ग्राहक – वो जो नसों में दौड़ता है, लोटस मार्का सिंदूर।

ब्लड बैंक मैनेजर – वो तो अभी-अभी लॉन्च हुआ है। अभी मार्केट में आने में टाइम लगेगा।

ग्राहक – भैया, लोगों की नसों में दौड़ रहा है। आप कहते हैं कि अभी लॉन्च हुआ है?

ब्लड बैंक मैनेजर – वो जुमला छाप सिंदूर होगा जी।

ग्राहक – नहीं जी, वो नॉन-बायोलॉजिकल प्रोडक्ट है।

ब्लड बैंक मैनेजर – अच्छा, उसका बायोलॉजी से कोई लेना-देना नहीं है। वो तो हवा-हवाई सिंदूर है। यहाँ तो बायोलॉजिकल प्रोडक्ट मिलते हैं।

ग्राहक – हाँ वही, हवा-हवाई तो।

ब्लड बैंक मैनेजर – वह तो किसी सिद्ध पुरुष के मुँह बजाने से हवा में घुलता है और लुप्त हो जाता है। वह आतंकवादियों की तरह पकड़ में नहीं आता।

ग्राहक – कहाँ मिलेगा?

ब्लड बैंक मैनेजर – उसका अनुसंधान बड़ी साधना से होता है। वह बाज़ारू नहीं, आध्यात्मिक प्रोडक्ट है। ब्रह्मज्ञानी को छठी इंद्रिय से नज़र आता है। बता नहीं सकते कहाँ मिलेगा। फिर भी दिल्ली में पता कर लीजिए।

23

साहित्य रस

एक सज्जन नगर की साहित्यिक बिरादरी में फूफा के नाम से जाने जाते हैं। बड़ी-बड़ी मूंछें, उन्नत ललाट, गोल घूमती आँखें, लंबी चेसिस पर कसा गठीला बदन। गीत विधा में निष्णात और ऊपर से ओजपूर्ण वाणी में सरस्वती का वास।

गीत गोष्ठी में लहराकर गीत सुनाने की उनकी अदा पर एक हसीना फ़िदा हो गई। आपस में मोबाइल नंबरों का आदान-प्रदान हुआ। गोष्ठियों में फूफा की कुर्सी हसीना के बाजू में लगने लगी। फूफा प्रत्येक रचनापाठ करने वाले की ग़लतियाँ हसीना के कान में बताते। ऐसी ही एक गोष्ठी में जब हसीना की बारी आई तो फूफा मोबाइल को स्टैंड-अप पोज़िशन में लेकर खड़े हो वीडियो बनाने लगे। अंत में खूब तालियाँ पीटीं।

हसीना उनसे बोली – सर, आज आपके साथ कॉफ़ी पीने चलते हैं। आपसे कुछ पूछना है।

फूफा – ज़रूर, चलिए।

दोनों नज़दीक के कॉफ़ी हाउस पहुँचे।

हसीना – सर, पहले नींबू पानी लेते हैं।

इसके पहले कि फूफा कुछ बोल पाएँ, उन्होंने दो फ्रेश लाइम क्रश ऑर्डर कर दिए।

फूफा – पूछिए, क्या जानना चाहती हैं आप?

हसीना – इतनी जल्दी क्या है सर, आराम से बात करते हैं।

इतने में हसीना का मोबाइल बजा।

हसीना – हेलो, हाँ, मैं मंजुला बोल रही हूँ...

"हाँ बोल रश्मि, बोल..."

"नहीं यार, मैं शहर के सबसे बड़े साहित्यकार... वो क्या नाम है उनका यार..."

"हाँ वही, ग्रेट! यार, क्या गीत सुनाते हैं – बस झूमते जाओ!"

"हाँ, ठीक है, तुमसे मुलाक़ात करवा देंगे। कॉफ़ी हाउस आ जाओ।"

मंजुला की चार सहेलियाँ कुर्सी ले फूफा को घेरकर बैठ गईं। बिरयानी, चिकन करी, तंदूरी, चिली चिकन का ढेर लग गया। अंत में लस्सी का दौर चला। फूफा का पिचका सीना फूल कर चौड़ा हो गया।

अंत में बिल आया। मंजुला ने देखकर रख दिया। बाक़ी सहेलियों ने इधर-उधर रुख़ किया। फूफा ने बिल उठाकर देखा – ₹4500/- रुपये। तभी मंजुला उठकर वॉशरूम चली गई। टेबल पर फूफा और बिल एक-दूसरे को चिढ़ा रहे थे। वेटर को छाती पर खड़ा देख फूफा ने क्रेडिट कार्ड निकाल कर बढ़ा दिया।

इतने में मंजुला आकर बोली – सर, आपने क्यों दे दिया?

फूफा का चेहरा चूसे आम जैसा दिख रहा था। साहित्य रस निचुड़ चुका था।

(24)

राजा का परिधान

एक राजा सुबह बिस्तर से उठा। उसने आदमकद शीशे में ख़ुद को देखा तो नंगा दिखा। वह चीखा – "इस शीशे पर धूल जमी है!" अनुचर से शीशा साफ़ करवाया। फिर भी राजा नंगा ही दिखा।

राजा ने शीशे में देखते हुए अनुचर से उसे कपड़े पहनाने को कहा। अनुचर ने उसे राजसी वस्त्र पहना दिए। राजा शीशा देख बोला – "अरे, अभी भी नंगा दिखता हूँ। तू कपड़ा पहने दिख रहा है, तू अपने कपड़े उतार।"

अनुचर कपड़े उतारने गया। इसी बीच दीवान साहिब जनता पर नया कर लगाने का फ़रमान दस्तख़त करवाने आए।

राजा साहिब ने पूछा – "दीवान जी, ज़रा शीशा देख कर बताइए, ठीक है ना?"

दीवान साहिब ने शीशा साफ़ कर, चश्मे के ऊपर से काइयाँ निगाह से देखा और कहा – "जी, शीशा बिल्कुल ठीक है।"

तब तक अनुचर कपड़े उतार कर टैक्सचुसी ग़रीब जनता की तरह सकुचाते हुए खड़ा था। राजा, दोनों को एक साथ शीशे में देख बोला – "हाँ, अब ठीक है। हम राजसी परिधान में हैं। पर जनता नंगी क्यों दिख रही है?"

दीवान साहब ने अनुचर को राजा के पीछे छिपाकर फिर राजा से शीशा देखने को कहा।

राजा ख़ुश होकर बोला – "हाँ, अब ठीक है। जनता मेरे पीछे है।"

"दीवान साहिब, लाइये, कौन सा नया टैक्स लगाना है?"

दीवान – "हुज़ूर, कोई नया कर लगाने को बचा ही नहीं है। दूध से लेकर बेसन तक, रेयान से लेकर इनके सभी पदार्थों पर मल्टीपल जीएसटी टैक्स लग चुका है। एक छोटा सा काम शेष है – बस उनकी दर बढ़ानी है।"

25

व्यंग्य पच्चीसी

हिंदी व्यंग्य का परिष्कार बीसवीं सदी में हरिशंकर परसाई के हाथों हुआ। इक्कीसवीं सदी में उनकी याद आना स्वाभाविक है। ख़ाक़सार को उनका चेहरा देखने का सौभाग्य मिला था। उन्हीं की यादों पर केंद्रित है यह व्यंग्य पच्चीसी।

ख़ाक़सार उन दिनों जबलपुर के नेपियर टाउन इलाक़े में रहता था। एक दिन शाम को परसाई जी के एक नाट्यकर्मी चेले ख़ाक़सार के घर पहुँच कर बोले – "चलो यार, आज हम तुमको जबलपुर की एक बड़ी ह़स्ती से मिलवाते हैं।"

दोनों नेपियर टाउन से लगे राइट टाउन मोहल्ले में, बस स्टैंड के पीछे एक खपरैल मकान के सामने पहुँचे। गेट पर लिखा था – 'हरिशंकर परसाई'। ख़ाक़सार ने सोचा – होगा कोई शिक्षक वग़ैरह, चलो देखते हैं, क्या आइटम है?

पता चला, परसाई जी शिक्षक तो बहुत पुराने थे, परंतु व्यंग्य की भाँग ऐसी चढ़ी कि शिक्षा भूलकर व्यंग्य लेखन के फर्राटेदार लेखक हो गए। उन्होंने कम्युनिस्टों की तर्ज़ पर, जो उनके आसपास मंडराते रहते थे, कभी धर्म को "अवाम की अफ़ीम" नहीं कहा, लेकिन व्यंग्य में दारू का तड़का लगाने से नहीं चूकते थे।

नाटककार दोस्त ने जैकेट की ज़िप खिसकाई, युगधर्म अख़बार में लिपटी एक अद्धी परसाई जी के कदमों में रख दी। उन्होंने उसे उठाकर बड़े ध्यान से देखा। फिर नाटककार साथी ने जैकेट की जेब से एक पैकेट निकाला, अंदर गए, एक प्लेट, गिलास और ताँबे के जग में पानी ले आए।

पैकेट खोला तो उसमें रोहू मछली के फ्राई किए आठ बड़े टुकड़े देख, परसाई जी की आँखों में चमक आ गई। इसके पहले कि वे सोमयज्ञ में पहली हवि डालते, नाटककार उनके कदम छूकर ख़ाक़सार को साथ लेकर निकल लिया।

उनके जाते ही परसाई जी ने अद्धी को गिलास में आधा उँडेला, फिर नर्मदा जल से गिलास पूरा भरा। सरस्वती मार्ग पर ट्रैफिक चालू हो गया। रोहू का टुकड़ा जीभ पर रखा। एक बारीक काँटा निकालकर व्यंग्य की तरह अख़बार में खोंस दिया। यात्रा पूरी करके व्यंग्य लिखने को काग़ज़-कलम उठाया, परंतु बहर नहीं मिल रही थी। वे उठे, फटी चप्पलें बिवाई युक्त पैरों में डाल सैर को निकल गए।

राइट टाउन स्टेडियम का चक्कर लगाने अशोका होटल की तरफ़ मुड़े ही थे, तभी दो मोटर साइकिलों पर पाँच लोग इनके नज़दीक रुके। उन्होंने चप्पल-जूतों से उनकी धुनाई की और बोले – "बहुत चड्डी-चड्डी लिखता है, खींचो साले की चड्डी।" इतने में वहाँ पुलिस की गश्ती जीप आ गई। व्यंग्य की चड्डी उतरने से बच गई, नहीं तो कुछ और खुलासे होते। एक पुलिसकर्मी ने परसाई जी को पहचान लिया। उन्हें आदर से घर पहुँचाया।

परसाई जी की पिलाई, खिलाई, घुमाई और धुनाई तबीयत से हो चुकी थी। उन्हें उस रात अच्छी नींद आई। सुबह उठकर उन्होंने "प्रेमचंद के फटे जूते" व्यंग्य लिखा।

कुछ पत्रकार बंधुओं को परसाई जी की पूजा की गंध मिल चुकी थी। वे प्रतिक्रिया लेने पहुँचे। परसाई जी ने कहा – "मेरी व्यंग्य साधना सफल हुई। जिनके ऊपर व्यंग्य किया है, वे तिलमिलाकर आपकी पूजा करने लगें – इससे बड़ी कसौटी और क्या हो सकती है। व्यंग्य के पात्र यदि न तिलमिलाएँ तो व्यंग्य बोथरा है, उसमें धार नहीं है।"

चालीस सालों बाद ख़ाकसार को यह घटना अचानक याद आई। उसने एक अगरबत्ती जलाकर उसका धुआँ नथुनों से ब्रह्मरंध्र तक खींचा, व्यंग्य देव परसाई जी को नमन किया और व्यंग्य लिखने बैठा।

भारत की अर्थव्यवस्था नीम चढ़ा करेला है, जिसका रस मध्यम वर्ग को सरकारें चुनाव जीतने के बाद तीन-चार साल तक पिलाती हैं। पाँचवें साल चुनाव जीतने के लिए जलेबी-रबड़ी का भोग चढ़ाया जाता है। करेला वैसे ही कड़वा होता है, ऊपर से नीम के पेड़ पर चढ़ी बेल का करेला – महाकड़वा। जिसे कड़वी मेथी में पकाकर देशवासियों को दवाई बताकर खिलाया जाता है।

करेले रस का पहला गिलास बैंक के बुजुर्ग जमाकर्ताओं को वेल्कम ड्रिंक के रूप में पिलाया गया। किसी समय बैंक मियादी जमाओं पर ब्याज दर दस प्रतिशत प्रतिवर्ष होती थी। महँगाई दर 5–6 प्रतिशत के बीच होती थी। मियादी जमाओं पर ब्याज दर घटाकर 6–7 प्रतिशत के आसपास मंडराने को छोड़ दिया गया है, जबकि महँगाई बढ़ने की दर 10–12 प्रतिशत बराबर बनी हुई है। जो बुजुर्ग तीस प्रतिशत आयकर देते हैं, उन्हें प्राप्त वास्तविक दर पाँच प्रतिशत के लगभग पड़ती है। महँगाई की दर समयोजित करने से उनकी रक़म एक साल में सात प्रतिशत कम हो जाती है।

सरकार का मानना है कि कोई धन साथ ले जाते नहीं दिखा। सनातन धर्म की दुहाई देकर समझाते हैं–

"पूत सपूत तो क्यों धन संचय,
पूत कपूत तो क्यों धन संचय।"

धन का उपयोग जीते-जी देशहित में होना चाहिए। बुजुर्गों की मृत्यु तिथि तक उनकी ज़िंदगी भर की कमाई ख़त्म करवाना नेतृत्व-कुशलता का प्रमाण है। जनता की बचत देशहित में लगनी चाहिए। यही त्याग सबसे बड़ी देशसेवा है।

सत्ता में नए-नए आए सत्ताधीश का प्रमुख ईश्वरीय कर्तव्य "सत्ता हमेशा बनी रहे" साधना होता है। उस सत्ता को अगले दस–पंद्रह सालों

तक पक्का करना था। कुछ समय पूर्व देश के शासकों को अचानक ब्रह्मज्ञान प्राप्त हुआ। उन्होंने अंतरंग साथियों से सलाह-मशविरा कर निष्कर्ष निकाला कि विरोधियों को राजनीतिक और अर्थशास्त्रीय विचारधारा से निरस्त्र करके महती राज्यों में सत्ता हथियाई जाए, तो सत्ता की देवी से "एक भारत – एक पार्टी – एक सत्ता" का दिव्य वरदान प्राप्त किया जा सकता है। उनके दिमाग़ में निरंकुश सत्ता की बात ठीक वैसी ही बैठी, जैसी कामासक्त पुरुष की इंद्रियों में कामना बैठकर सृजन इंद्रिय को तेजस्वी बना देती है। उनके दिमाग़ में सोते–जागते, स्वप्न और तुरीय अवस्था में भी "एक भारत – एक पार्टी – एक सत्ता" विचार कौंधने लगा।

उन्होंने ध्यान में चिंतन किया कि विरोधियों की विचारधारा पुराने बूढ़े की लँगोटी से बंधी है। उन्होंने बूढ़े के सामने अतिवादी और क्रांतिकारी को खड़ा करना शुरू किया। बूढ़े के पट्टु शिष्य के चिकने ओंठों से भी सत्ता की मलाई चिपकी दिखती थी। चिकने के विरुद्ध खुरदरे का विशाल पुतला चीन से बनवाकर खड़ा कर दिया। लेकिन फिर भी अखंड सत्ता का स्वप्न बहुत दूर खड़ा मुस्कुरा रहा था।

सत्ताधीश ने कुछ नए दौर की समझाइश देने वालों की दुकान को टटोला, तो उन्हें एक जादुई मंत्र मिल गया – बूढ़े के विरुद्ध लंबी नाक और बूढ़े के हत्यारे को खड़ा करो, और बूढ़े की फ़ोटो वाला करेंसी नोट बंद कर दो। विद्वानों ने झट से हाँ में हाँ मिलाते हुए फ़ायदे गिनाए।

- बूढ़े की फ़ोटो कुछ दिन के लिए बैंक की तिजोरियों में बंद हो जाएगी, तो भ्रष्टाचार रुक जाएगा।
- नक़ली नोट प्रचलन से बाहर हो जाएँगे, तो समानांतर अर्थतंत्र टूटेगा।
- आतंकवाद पर रोक लगेगी।
- विरोधियों का काला धन काग़ज़ में तब्दील हो जाएगा। पंजा, साइकिल, हँसिया, हथौड़ा की माया हाथ मलते रह जाएगी।

साथियों ने आशंका जताई – "प्रभु, अपने काले धन का क्या होगा?"

स्वामी जी ने कहा – "एक महीने का समय मिलेगा। हम सहकारी बैंकों को किसलिए चलाते हैं। और हाँ, वह अत्याधुनिक पार्टी भवन, जिसमें कई हज़ार करोड़ खपने हैं – उसे एक महीने में पूरा करो।"

विशेषज्ञ जाने के लिए उठे, तभी बाहर से सुरक्षा दस्ते के कुत्तों के भौंकने की आवाज़ें आने लगीं। उन्होंने नेताजी से पूछना चाहा – "सर, इन कुत्तों... वॉचडॉग्स... यानि केंद्रीय बैंक, राष्ट्रीय बैंक और उनके पिल्लों का क्या करेंगे... वो धमा-चौकड़ी मचाएँगे।"

स्वामी जी ने पूछा – "हम कहाँ बैठे चर्चा कर रहे थे?"

एक अंधभक्त – "सेंट्रल हॉल में।"

स्वामी जी – "कुत्ते कहाँ हैं?"

दूसरा अंधभक्त – "नीचे, पुलिस के पास रस्सियों में बँधे हैं।"

स्वामी जी – "उन्होंने हमारी बातें सुनी क्या?"

सब एक साथ – "नहीं।"

एक अंधभक्त – "पर सर, वो बुद्धिजीवी सब जान लेते हैं।"

स्वामी जी ने आँखें बंद कीं और बोले – "बुद्धिजीवियों की जान उनके बच्चों में रहती है। बच्चे जेएनयू में मस्ती करते हैं। उनका इंतज़ाम हो जाएगा। हमारी दिल्ली पुलिस बहुत होशियार है – इसीलिए दिल्ली राज्य सरकार के अधीन नहीं होने देते हैं। बुद्धिजीवी बच्चों को गिरफ़्तारी से बचाने में व्यस्त हो जाएँगे। आप निश्चिंत होकर कड़वी दवा पिलाएँ।"

बस फिर क्या था – "नीम चढ़े करेले को सीढ़ी से चढ़कर तोड़ा गया, उन्हें गोल काटकर नमक लगाकर रखा गया, फिर मैथी दाना फुलाकर पीसे गए पेस्ट में तलकर एक लाभकारी दवाई बताकर 'मेरे प्यारे देशवासियों' को आयुर्वेदिक नुस्ख़ा बताकर परोस दिया गया। इस तरह मैथी में पके नीम चढ़े करेले का आयुर्वेदिक नुस्ख़ा भारतियों के पेटों में अमृत बताकर सेवन कराया गया।"

जय भारत – जय भारत माता।

देश ही नहीं, दुनिया की सबसे बड़ी पार्टी अब उस नीम चढ़े करेले का ज़िक्र भूलकर भी नहीं करती। देशहित में किए गए उस महान कार्य का श्रेय नहीं लेती। यह अलग बात है कि पार्टी तो सत्ता में आई, परंतु अर्थव्यवस्था गर्त में चली गई।

कड़वी दवा कारगर हुई।

पार्टी अखिल भारतीय स्तर की सबसे ज़्यादा वोट जुगाड़ू पार्टी बन गई।

निर्माण उद्योग बैठने से बिल्डर आत्महत्या और हृदयघात से स्वर्ग पहुँच गए। लेकिन देश भ्रष्टाचार, आतंकवाद, बुद्धिजीवीवाद जैसे घटिया लोगों के चंगुल से – कम से कम भाषणों में – तो बाहर निकल आया।

इति व्यंग्यम